中国港口费率、投资和差异化规制研究

上海市"十一五"重点图书
上海市重点学科建设项目资助(S30601)
交通运输规划与管理研究系列

中国港口费率、投资和差异化规制研究

郑士源　著

上海交通大学出版社

内 容 提 要

近年来随着港口产业的飞速发展，我国港口的规制模式也经历从中央规制到地方规制的改变，对我国港口、国民经济乃至整个社会的发展产生了深远的影响。对此，本书在总结这两种港口规制模式特点的基础上建立了港口规制的分析模型，对港口费率、投资和经营差异化这三方面的规制进行研究。

本书可作为港口管理和投资分析人员的参考用书。

图书在版编目(CIP)数据

中国港口费率、投资和差异化规制研究/郑士源著.
—上海：上海交通大学出版社，2011
(交通运输规划与管理研究系列)
ISBN 978-7-313-06527-8

Ⅰ.中... Ⅱ.郑... Ⅲ.港口—交通运输管理—研究—中国 Ⅳ.F552.6

中国版本图书馆 CIP 数据核字(2010)第 100519 号

中国港口费率、投资和差异化规制研究
郑士源 著
上海交通大学出版社出版发行
(上海市番禺路 951 号 邮政编码 200030)
电话：64071208 出版人：韩建民
上海崇明南海印刷厂 印刷 全国新华书店经销
开本：787mm×960mm 1/16 印张：10.25 字数：186 千字
2011 年 1 月第 1 版 2011 年 1 月第 1 次印刷
印数：1～2 030
ISBN 978-7-313-06527-8/F 定价：48.00 元

序

为实现由教学型大学向教学研究型大学转变的目标，上海海事大学一直将学科建设作为学校工作的重中之重，从体制、机制和投入三方面予以支持，以便更好地为国家交通事业的发展和上海国际航运中心建设服务。

交通运输规划与管理学科作为交通部重点学科和学校的传统优势学科，目前设有1个博士点(交通运输规划与管理)，3个硕士点(交通运输规划与管理、交通运输工程、港口海岸及近海工程)，2个中外合作研究生培养项目(国际航运与物流工程、物流工程与管理)。

长期以来，交通运输规划与管理学科坚持以水路运输为特色，围绕交通运输战略与规划、交通运输现代化管理、海事信息与控制领域中的重大理论、技术和管理问题，注重学科建设和科学研究，取得了一定的学术成果。

《交通运输规划与管理研究系列》丛书收录的学术专著均源自交通运输规划与管理学科的教师近年来所完成的科研成果，从整体上代表了该学科的学术水平。这些专著作者，既有在学术上已卓有成就的资深学科带头人，也有正在快速成长的中青年学科带头人和学术带头人，其中还不乏初出茅庐的青年才俊，还充分显示了交通运输规划与管理学科雄厚的学科人才梯队。更值得一提的是：此次出版的丛书涉及了交通运输领域的方方面面，既有基础理论领域的探索，也有技术层面的应用创新，这表明了交通运输规划与管理学科的发展正逐渐呈现出多学科交叉的特色和优势。

《交通运输规划与管理研究系列》丛书的顺利出版，标志着交通运输规划与管理学科建设又达到了一个新的高度。在此衷心希望交通运输规划与管理学科团队继续振奋精神，努力创新开拓，坚持"理论上有一个高度，应用上有一个落脚点"的发展模式，在理论研究层面能密切跟踪当前国际学术发展前沿动态，并与之相接轨；在应用研究领域，能与海事领域具体应用密切结合，切实解决重大海事管理与规划问题，力争成为国内海事规划与管理领域不可或缺的思想库、专家库、技术库和成果库。

上海海事大学校长

於世成　教授

前言

港口作为水陆运输的连接点，不仅在交通运输网络中起着极其重要的作用，而且在经济的发展过程中也扮演着举足轻重的角色，现已成为区域经济的重要组成部分。近年来随着我国国民经济和对外贸易的飞速发展，我国的港口也经历了前所未有的发展。港口在特定区域内的垄断地位使国家对港口的规制成为必要，在港口产业的实践中，已有一些规制的尝试。随着垄断行业规制模式的改变，我国港口的规制模式也经历从中央规制到地方规制的改变，对我国港口、国民经济乃至整个社会的发展产生了深远的影响。在此过程中，我国港口也暴露出为争夺货源竞相压价、连续亏损、无序恶性竞争和盲目重复建设严重等问题。相比其他垄断产业而言，港口产业具有自身的特点，因此如何建立适合港口产业的规制体系，规制模式的改变对港口经营乃至整个社会有何影响等已成为业界议论的热点，港口规制的研究已引起理论界和实践部门的重视。但关于港口规制的主要内容，港口规制的准则和分析方法，各因素对港口规制效果的影响，以及港口规制模式对港口经营及社会福利的影响等方面一直未有系统的研究成果。对此，本书在建立港口规制分析框架的基础上，就全文统一的港口规制模型，通过逐步增加规制决策变量的方法对港口规制模型进行扩展，并对港口费率、投资和经营差异化这三方面的规制进行研究。

本书以委托代理理论和动态博弈方法为基础，主要的研究工作包括如下内容：

(1) 根据国内外港口管理体制的发展历程，总结出两种主要的港口规制模式：中央模式和地方模式。通过对两种港口规制模式的特点对比，指出影响港口规制模式的主要因素有港口的技术条件、规模、经营范围和政府对港口经营者的关注程度。在此基础上，提出港口规制的主要内容有费率、投资和经营差异化程度这三个方面。

(2) 建立了全文统一的港口规制模型。在港口投资和经营差异化程度既定的情况下，得出了两种港口规制模式下港口费率的规制准则，并详细分析了两种规制模式下各因素对港口规制效果的影响。通过对两种港口规制模式下港口经营和社会福利的比较得知：在港口投资和经营差异化程度既定的情况下：①多数情况下，货主码头的费率要高于公用码头费率(不管是中央规制还是地方规制)，但规制模式对公用码头的费率影响不定；②多数情况下，港口经营者偏好地方规制模式，因为在该模式下港口经营者的利润较高；③多数情况下，中央规制模式下港口的服务需求量较高;④规制模式对社会福利的影响不定。

(3) 对港口投资和经营差异化程度既定下的港口规制模型进行扩展,放松了港口投资不变这个前提。在考虑港口投资的情况下,建立了两种港口规制模式下港口费率和投资的规制准则,并详细分析了考虑港口投资时两种规制模式下各因素对港口规制效果的影响。通过对两种港口规制模式下港口经营和社会福利的比较得知:考虑港口投资时,①规制模式对港口费率的影响不定;②地方规制模式下港口的总投资较大,因此地方规制模式有利于调动港口投资的积极性;③多数情况下,港口经营者偏好地方规制模式,因为在该模式下港口经营者的利润较高;④多数情况下,地方规制时港口的服务需求量较高;⑤多数情况下,地方规制时社会福利较高。

(4) 对上述经营差异化程度既定下的港口规制模型进行再次扩展,放松了港口经营差异化程度不变这个前提。在同时考虑港口投资和改变港口经营差异化程度的情况下,建立了两种港口规制模式下港口费率、投资和的经营差异化程度的规制准则,并详细分析了同时考虑港口投资和改变港口经营差异化程度时两种规制模式下各因素对港口规制效果的影响。通过对两种港口规制模式下港口经营和社会福利的比较得知:同时考虑港口投资和改变港口经营差异化程度时:①中央规制模式下港口费率较高;②规制模式的变化对港口投资的影响不定;③地方规制模式下港口的差异化程度较高;④规制模式的变化对港口经营者的利润影响不定;⑤地方规制模式下港口的服务需求量较高;⑥地方规制模式下社会福利较高。

(5) 以 1997～2008 年我国港口管理体制改变前后吞吐量排名前 10 位港口的面板数据以及相关的国家经济和运输数据为基础,运用回归和随机前沿分析等统计方法就我国港口规制模式的改变对港口经营和社会福利的影响进行实证分析,验证了本书的关于港口规制模式的改变对港口经营和社会福利影响的理论模型。

本书的创新点包括:

1. 在研究港口规制模式的框架方面,建立了分析港口规制模式的总体框架

根据国内外港口管理体制改革的经历将港口规制模式总结为中央规制和地方规制两种,并指出影响港口规制模式的因素和港口规制的主要内容。

2. 在研究港口规制模式的方法方面,构建了基于动态博弈理论的港口规制模型

在统一的港口规制模型的基础上,通过逐步增加规制决策变量的方法对港口规制模型进行扩展。其中对于中央规制模型,运用委托代理理论,特别是将同时考虑港口费率、投资和经营差异化规制的问题转化为二维逆向选择问题,并运用最优控制理论方法进行解决;对于地方规制模型,将其总结为地方政府同货主之间的三阶段动态博弈模型,并运用逆向归纳法进行解决。

3. 在研究港口规制模式的结果方面,得出了符合中国港口实际情况的结论

本书给出各种情况时两种港口规制模式下港口费率、投资和经营差异化规制的准则，分析了港口经营者边际装卸成本、港口服务需求对价格的敏感程度、政府对港口经营者的关注程度等因素的变化对港口规制准则、港口经营和社会福利的影响。通过理论研究与实证分析，得出了同时考虑费率、投资和差异化规制时，中央规制模式下港口费率较高，地方政府规制模式下港口的经营差异化程度、港口服务需求和社会福利较高，而规制模式的变化对港口投资和港口经营者利润的影响不定的结论。

本书的出版得到“上海市重点学科建设项目资助(S30601)”。

郑士源

2010 年 5 月

目　录

第1章 绪 论

1.1 研究背景及意义

1.1.1 研究背景

港口作为水陆运输的连接点,不仅在交通运输网络中起着极其重要的作用,而且在经济的发展过程中也扮演着举足轻重的角色,现已成为区域经济的重要组成部分。港口凭借着运输、集散和增值服务功能,在其建设与发展过程中,创造出大量的就业机会,推动了工业、贸易和相关行业的发展,增加了国民收入。“城以港兴,港为城用”,体现了港口对区域经济的巨大贡献。随着世界经济一体化趋势的加速,作为一个国家对外贸易门户的港口也在飞速地发展。现代港口正日益呈现出以下的发展趋势[156,161]:①港口向大型化、深水化和集约化发展;②港口的集装箱化趋势明显,港口间的竞争激烈,正在逐渐形成全球范围的以枢纽港为中心、干支线港口结合的运输网络;③港口生产管理的高科技和信息化趋势显著;④港口日益向全方位增值服务中心转换;⑤现代港口与城市协调发展,港城一体化趋势明显。随着港口在国民经济中地位和作用的日益加强,联合国贸易和发展委员会在《港口发展和改善港口的现代化管理和组织原则》的研究报告中将港口的发展分为四代[158],具体情况如表1-1所示。

表1-1 港口功能演变及发展趋势

	第一代港口	第二代港口	第三代港口	第四代港口
发展时期	1960年前	1960～1980年	1980～1990年	1990年以来
主要货物	大宗散货	大宗散货和杂货	散货和成组运输货物	集装箱
港口发展战略	作为海陆运输的衔接点	运输和工业生产的中心	商业和综合运输及物流中心	港航合资及港口间的战略联盟

（续表）

	第一代港口	第二代港口	第三代港口	第四代港口
活动范围	(1)货物装卸、仓储和船舶导航	(1)+(2)货物的包装和加工	(1)+(2)+(3)货物的配送、信息等物流活动	(1)+(2)+(3)+不同港口的联盟活动
结构特色	各港口独立行动;港口和用户结成非正式的联系	港口与其用户的联系加强;港口间出现轻度合作;港口与城市之间出现初步合作	贸易和运输链集中于港口;港口间的合作加强;港口与城市的整体性合作	港口的属地化管理;港口的民营化趋势加强
生产特点	为货物的流通提供低附加值的服务	为货物提供装卸、包装和简单的加工服务	具有高附加值的物流配送和信息服务	枢纽港和支线港相结合的综合物流服务

资料来源:文献[158]。

近年来随着我国国民经济和对外贸易的飞速发展,我国的港口也经历了前所未有的发展。港口的集装箱运输发展迅猛,集装箱化率不断提高。自 1990 年以来,我国主要港口的集装箱吞吐量年平均增长率在 20%以上,2006 年世界集装箱吞吐量前 10 名中中国港口占据了三席[152]。国际枢纽港的雏形初步形成,水路内贸运输发展较快,港口的软环境有了较大的改善[156,161]。出于优化整个国家的物流体系,提高综合国力和国际竞争力的考虑,为了应对集装箱船舶大型化以及班轮公司经营联盟、兼并重组和运输干线网络化等发展的新趋势,同时解决上海港缺乏深水泊位的问题,作为上海国际航运中心主体工程的洋山深水港于 2005 年 12 月正式开港,一期和二期工程共建成 10 个集装箱泊位,设计年吞吐能力 500 万 TEU(20 英尺集装箱)。洋山港规划至 2010 年形成 11km 深水岸线,30 多个泊位,最大通过能力超过 1500 万 TEU,成为远东地区乃至世界重要的集装箱枢纽港[145,150,151,170]。

从广义上讲,规制是指社会公共机构司法机关、行政机关以及立法机关,依据一定的规则对经济主体的活动进行限制的行为,包括间接规制与直接规制。其中,间接规制是对不公平竞争的行为进行规制,狭义的规制就是指直接规制,又分为经济性规制和社会性规制。经济性规制是针对具有自然垄断性或存在信息不对称的产业,对其进入、退出、价格、投资的制约。由于资源配置效率和企业的内部效率低下,自然垄断产业被视为需要政府进行经济性规制的重点产业。港口在特定的区域内具有垄断地位,属寡头垄断行业[19,195],这一属性使得港口产业需要规制已成为业界的共识。在港口产业规制的实践中,已有一些尝试。就规制模式而言,随着世界各国垄断行业民营化浪潮的不断推动,近年来世界港口的民营化趋势也非常明显,民营模式已成为目前世界上主要港口普遍采取的管理模式[50-53],但这并非意味着政府放弃管理港口的权力,而是政府和企业共同参与港口的发展,其核心思想就是实现港口的管理权与经营权相分离,即整个港口的发展管理与港口业务的具体经营相分离。同样,我国的港口管理体制也经历了公有公营、双重领导和地方领导下港口改革这样三个阶段[160,198]。2001年底开始的港口改革彻底改变了我国港口的管理模式,将由中央管理的以及中央与地方双重领导的港口全部下放地方管理。改革的目标是港口实行政企分开,港口企业不再承担行政管理职能,并按照建立现代企业制度的要求,进一步深化企业内部改革,成为自主经营、自负盈亏的法人实体。港口下放后原则上交由港口所在城市人民政府管理,需要由省级人民政府管理的,由省级人民政府按照"一港一政"的原则自行确定管理形式。在财务管理上,由"以港养港、以收抵支"改为"收支两条线",取消港口企业定额上缴和以收抵支的办法,而是按照国家税收管理有关规定征缴港口企业所得税。在港口资产方面,港口的资产无偿划转地方管理,其债权、债务一并随之转移。但随着港口管理体制改革的深入,我国港口存在的一些问题也逐渐地暴露出来[149,161,199]。港口的结构性矛盾突出,港口公共码头特别是原油、铁矿石、液化气、集装箱码头布局不合理,华东、华北地区缺少大型原油装卸码头,华北、华南地区缺少大型专用铁矿石码头,但同时部分地方为维护本地区利益,干预港口企业的货源竞争,出台各项优惠政策和相互设置各种行政壁垒。港口之间为争夺货源竞相压价,导致许多港口连续亏损,港口间的无序恶性竞争和盲目重复建设严重。此外港口的建设资金严重不足,基础设施条件差,特别是长江口、珠江口及主要港口航道水深不能适用船舶大型化要求,内河航道等级差,影响了港口的效益和竞争力。港口企业的市场化运作程度低,港口相关的法规不完善,国际竞争力较弱,总体处于支线港的命运。

尽管在实践领域已有不少尝试,但港口规制的理论研究还非常滞后,对港口规制的具体内容、外部因素对港口规制效果的作用以及港口规制模式的改变对港口乃至地区和国家的影响等核心问题未见有系统的研究成果。而港口产业具有不同于电信、电力等规制理论运用较为成熟的产业的特点,因此港口规制的研究已成为我国当前港口发展中迫切需要解决的重大议题之一。

1.1.2 研究意义

尽管世界各国对于垄断产业的规制趋势在不断地放松,但对于转型经济国家而言,有些学者也指出:规制模式的变化可能会造成社会福利的损失(Laffont,

2004;余英,2004)[64,194]。对于港口产业而言,特别是处于转型经济期的港口规制模式的改变对港口本身乃至港口所在地区和国家的社会福利是否有利,则一直处于争议之中。Tongzon(1995,2001)、Song 和 Cullinane(2001)等认为港口规制的放松会促进港口效率的提高[116,117,110];而 Ircha(2000)、Everett(2003)却指出:港口规制模式的改变不一定会提高港口的效率,如果港口组织机构的改变未能跟上管理体制的变革步伐则可能造成港口效率的低下[52,40]。相比其他垄断产业而言,港口产业的规制研究较为滞后,还未见有系统的成果。港口产业具有投资巨大和社会公益性等特点[19,195,198],港口基础设施的投资需要港口经济腹地中各地区的共同投资。因此,研究港口规制的内容、影响因素和规制模式的改变对港口以及港口所在地区和国家的社会福利的影响具有重要的理论和现实意义。对此本书运用委托代理理论和动态博弈方法对我国港口产业的规制进行研究,以期为相关部门对港口产业的政策制定提供决策支持。

1.2 港口的规制模式

1.2.1 港口规制的理论基础

1.2.1.1 港口的自然垄断特性

港口作为水陆运输枢纽,在整个运输网络中起着重要的作用,为其他产业的成长和发展提供基础服务,具有一定的超前性,被视为国民经济发展的瓶颈产业。而港口生产的规模经济、地理位置的垄断性、资产的地点专属性和沉淀性是构成与维持港口产业自然垄断特征的理由。

规模经济反映了产品提供者独家经营的成本优势。港口被视为船舶装卸服务的提供者。港口生产成本中固定成本所占比重很大,在设计吞吐能力的范围内,单位产量(吞吐量)增加的边际成本要低于平均生产成本,表现出明显的生产规模经济性。

港口的形成有赖于其天然优势,地理位置是否位于国际航线要冲,水深、水文、潮汐和地质等诸多自然条件对港口的发展至关重要,而港口的规模发展又有赖于经济腹地和集疏运条件,这些稀缺资源构成了港口地理垄断的特征。

港口基础设施一旦投资,数额巨大又不能移动,同时又很难把这些资产转用于其他用途,有很强的专属性和沉淀性。这也成为港口形成进入壁垒和维持垄断的经济理由。

1.2.1.2 港口的网络效应和外部性

如果把规模经济看成是生产阶段的规模效应,那么,网络效应就是需求方面的规模优势。港口所参与的运输系统具有网络效应。一方面,运输系统规模(主要指分布、距离和利用者数量)越大,需求最越多,单位需求所承担的固定成本就越低;另一方面,运输系统有较强的正外部经济效应,即参与者越多,用户的方便性也越大,整个运输系统的价值就越高,表现为随着交通运输用户的增多,运输网络布局日趋合理完善,港口服务的直接用户(船公司和货物托运人)以及间接用户(整个经济腹地的相关企业和消费者)就越能获得正外部经济效益。此外,港口与所在地区的城市经济和社会发展有很强的关联经济效益,同时港口建设、生产中存在一定的负外部性(主要指环境问题),这些都构成政府干预港口的理论依据。

1.2.1.3 作为必需品和公共品的港口设施和服务

从世界范国看,海运承担着80%以上的国际货物运输量,对于包括我国在内的水路运输网发达的国家,沿海运输和内河运输也是内贸运输的主要形式之一。虽然,由于铁路、公路和航空运输的迅速发展,结构性替代竞争在一些水路运输呈现弱势的领域有所加强,但是海运在国际间运输中所呈现的优势是不可替代的。港口服务表现出需求弹性较小,有必需品的特征,而这要求港口提供稳定、可靠、安全的服务,这些构成政府直接规制的理论根据。

港口的一些基础设施,如进出港口航道、防波堤、锚地、灯塔和航标等,具有很强的非排他性,港口生产部门作为这些设施的提供者,很难从技术上通过合理的收费来回收成本,是典型的公共物品。根据市场经济规则和资源最优配置原理,公共品的供给很难由追求利润最大化的私有企业实现,政府是最佳的公共品提供者,因此各国政府都普遍重视港口的公共服务。

基于上述原因,港口作为具有网络效应、公共品和外部性特征的自然垄断产业,理论界和实践部门都认为,需要政府进行必要的干预和规制。

1.2.2 国外港口管理的主要模式

20世纪70年代以前,世界绝大部分的港口均采用政府完全控制和经营的模式进行管理。但从20世纪70年代末起,在航运技术变革、国外港口竞争压力以及运输一体化等诸多外部因素的推动下,世界各国的港口都面临着发展港口基础设施、改进港口生产组织方式以及提高港口经营效率的压力。而私人部门参与港口建设、经营和管理的诸多优势以及港口投资和经营的多元化、全球化趋势,使全球范围内的港口民营化和规制改革得以充分展开。据统计,到1996年,全球排名前50位的港口中,有44个港口有不同程度的私人参与(Baird,1997)[9],到1997年,全球排名前100位的集装箱港口中,有88个港口采用了地主港管理模式(Cass,1998)[27]。

受政治经济、社会历史传统以及港口本身特征的影响,各国采用不同的港口管

理模式。目前,可以划分为四大类港口管理模式:

(1) 公共服务港。公共部门不仅投资、维护和管理港口基础设施和所有经营性设施,而且还是港口具体业务的直接经营者。典型的港口包括印度、斯里兰卡的大部分港口和 1997 年港口改革前的新加坡。

(2) 设备港。公共部门负责投资、维护和管理港口基础设施及所有经营性设施,而私人部门通过租赁大型的经营设施和设备来从事港口生产性业务。典型的港口是法国的诸多自治港。

(3) 地主港。公共部门只负责港口规划和投资港口基础设施,把港口经营权出让给私人部门,并收取特许经营费和租赁费。私人部门通常获得特许权后,长期租赁土地和基础设施并自行解决经营所有岸上设施,提供一系列的港口服务。典型的港口城市包括鹿特丹、安特卫普、纽约和 1997 年港口改革后的新加坡。

(4) 私人服务港。政府部门除了少数诸如引航、航道疏浚等必要的公共服务外,基本退出港口领域。私人经营者投资和拥有包括港口土地、基础设施和经营性设施在内的全部港口资产,并完全按照私人经营者的商业目标进行港口经营。典型的港口包括英国的绝大部分港口和新西兰的部分港口。

上述四大类港口管理模式的比较和功能划分如表 1-2、表 1-3 和表 1-4 所示。

表 1-2 各种港口管理模式中的规制者、拥有者和经营者

港口模式	规制者	码头泊位拥有者	经营者
公共服务港	政府	政府	政府
设备港	政府或政府控制的国有企业	政府或政府控制的国有企业	私人经营者
地主港	政府或政府控制的国有企业	私人经营者	私人经营者
私人服务港	私人经营者	私人经营者	私人经营者

资料来源:文献[9,27]。

表 1-3 各种港口管理模式中政府和私人经营者的职责划分

	港政	航政	海上基础设施	港口基础设施	岸上设备	岸上建筑	装卸业务	引航	拖轮	系解缆服务	航道疏浚	其他
公共服务港												
设备港												

（续表）

	港政	航政	海上基础设施	港口基础设施	岸上设备	岸上建筑	装卸业务	引航	拖轮	系解缆服务	航道疏浚	其他
地主港												
私人服务港												

注：政府负责 私人负责

资料来源：文献[9,27]。

表 1-4 各种港口管理模式的比较

港口模式	优 点	缺 点
公共服务港	岸上设施的投资与码头装卸等业务都由同一部门负责，能保持高度的一致性和协调性	缺少竞争，导致低效率和缺乏创新；政府部门的多方干预以及对政府财政的依赖，导致资源浪费与投资不足并存；港口经营非用户导向或市场导向
设备港	港口所有的基础设施和岸上设施都由公共部门统一负责，避免重复投资	私人部门没有经营设备的所有权，影响和限制港口的长远发展；具有投资不足的风险并缺乏创新
地主港	港口经营领域的资产所有权和经营权都属于同一私人部门负责，在长期合约的保障下，进行长期商业目标为导向的资产投资和港口经营	同私人部门之间有竞争的压力，会有过度投资的风险；对港口扩容的时间进度有决策失误的风险
私人港	港口投资和经营具有高度灵活性，实现以市场为导向的港口发展，拥有延伸经营领域的广泛空间	政府部门无法实施港口与城市经济发展的长期规划和发挥港口对地区经济的关联效应；如果有必要重新部署港口区域的功能，政府必须出巨资购回港口土地

资料来源：文献[52]。

1.2.3 我国港口管理模式的变化

我国港口的管理模式的变化大致经历了如下几个阶段[127,160,198]：

1.2.3.1 中央管理模式

从20世纪50年代起到80年代的中后期，我国港口一直由中央的交通部管理，实行“政企合一，港航一体”的管理体制。但随着我国经济贸易的迅速发展，这种中央管理模式越来越不能适应新的形势。从80年代中期起，港口在不改变所属关系的前提下开始了港口管理模式的改革。

1.2.3.2 地方和中央双重领导，地方为主的管理模式

20世纪80年代中期开始，除秦皇岛外，沿海14个大型港口全部下放地方，实行“地方和中央双重领导，以地方为主”的管理模式。为保障港口建设有资金渠道，港口实行“以港养港”的财务体制。港口管理体制的下放，有利于港口的发展，有利于港口为所在地服务，有利于港口与地区经济的融合。体制改革后，交通部负责统一制定、修改和颁发全国性的港口管理法规、规费，并对执行的情况进行监督和检查。而地方主要负责编制港口生产建设的长期规划、中期计划和年度生产经营综合计划，编制港口基建计划和大中型技术措施计划，报国家计委和交通部审批后，由地方组织实施，并领导港口及各下属单位的行政业务、生产和安全质量工作。

1.2.3.3 地方管理模式

2001年11月23日，国务院办公厅发布了《关于深化中央直属和双重领导港口管理体制改革的意见》，指出港口管理体制改革的核心内容是港口管理权下放地方和政企分开。至2003年上半年，所有下放到地方的港口成立相应的行政管理机构，实施政企分开，为引进不同的经营形式和投资主体、培育有效的竞争机制、建立新的管理体制创造了良好基础。

新的港口管理体制将原有的港务局一分为二，分设为港务管理局和港口企业集团公司两部分。港务管理局进入政府序列，作为所在地人民政府单独设置的专司港口行政管理的职能部门，负责港口的监督管理工作，以及港口公共基础设施的建设、维护和管理。港口企业集团按照建立现代企业制度的要求组成一个或几个港口集团公司，只从事港口装卸、仓储等生产经营活动。同时，通过吸引外资和民营资本的加入，增加港口的建设资金和经营效率。

与国际相比较，我国港口管理模式变化的一个鲜明特征是以引进外资(主要是中外合资)的方式使私人部门参与公共港口的投资与经营(见表1-5)。投资重点集中在市场规模大和投资回报率高的集装箱码头上。投资主体主要分为两类，一类是专门从事港口投资和经营的独立跨国港口企业，如和记黄埔、新加坡港务集团等，另一类是大型的跨国班轮公司，如马士基等。此外，中国港口管理模式变化的另一个重要特征就是地方的参与。虽然产权仍有集体性质，不能算严格意义上的民营化，但体制下放后的服务形式显然与传统的国家垄断经营不同，地方占据港口建设的主导地位。

表 1-5 我国沿海主要港口集装箱码头的资本结构状况

地区	港口	集装箱码头	股份结构
珠江三角洲	广州	广州港集装箱码头(GCT)	新加坡港务集团(PSA)49%,广州港 51%
	深圳	盐田国际集装箱码头(YICT)	和记黄埔集团(HPH)58%,马士基 27%,中远(COSCO)15%
		蛇口集装箱码头(SCTCN)	P&O 集团 25%,招商局 32.5%,COSCO 42.5%
		赤湾集装箱码头(CCT)	招商局 25%,赤湾港务集团 75%
台湾海峡	福州	福州港集装箱码头(FCT)	PSA 49%,福州港 51%
	汕头	汕头港国际集装箱码头(SICT)	HPH 70%,汕头港 30%
	厦门	厦门港国际集装箱码头(XICT)	HPH 49%,厦门港 51%
		厦门项与码头有限公司(XXQ)	太平洋港务集团 76%,厦门港 24%
长江三角洲	宁波	宁波北仑集装箱码头(NBCT)	HPH 49%,宁波港 51%
	上海	上海港集装箱码头(SCT)	HPH 37%,上海港 63%
		外高桥港区	HPH 40%,中远 20%,上海港 40%
		洋山港区	HPH 32%,马士基 32%,上海港 16%,中远 10%,中海 10%
中国北方	大连	大连港集装箱码头(DCT)	PSA 和马士基 49%,大连港 51%
	青岛	青岛前湾集装箱码头(QQCT)	P&O 集团 49%,青岛港 51%
	天津	天津赛诺码头(TST)	P&O 集团 23%,Gearbulk 航运 22%,天津港 55%
		CSX 东方集装箱码头(CSXOT)	太平洋港务集团 24.5%,CSX 24.5%,天津港 51%

资料来源:文献[127]。

1.2.4 港口规制模式的总结

1.2.4.1 港口规制模式

从我国港口管理体制的变化历程可见,我国港口规制模式主要可分为两大类:中央规制和地方规制。这两种港口规制模式的比较如表 1-6 所示。

表 1-6 我国港口规制模式的比较

规制模式	中央规制	地方规制
规制措施	通过行政命令直接控制港口的各种经营行为	通过地方政府控制的公共码头，采取与私人控股的货主码头竞争的方式间接地控制受规制的码头
信息状况	规制者中央政府对港口经营的私有信息，如经营成本等不完全掌握	规制者地方政府通过公共码头的经营，对货主码头经营的私有信息，如经营成本等具有相当的了解
是否上缴经营收入	全部上缴，实行“统收统支”	货主码头保留其经营利润所得，只需交纳码头租赁费
是否进行转移支付	对港口进行行政拨款或低息贷款	无转移支付

1.2.4.2 港口规制模式的影响因素

从目前港口经营的环境来看，影响港口规制模式的主要因素有：

1) 港口的技术条件

主要指两方面的因素：一是港口的自然条件，包括航道水深、气候和潮汐的影响、港口的集疏运能力、口岸环境及腹地经济条件等；另一方面则是港口的服务管理水平，主要由装卸效率及船舶在港停时等指标反映出来。

2) 港口的规模

主要指基础设施，包括港口泊位、堆场、仓库的能力，这些因素最终由港口的设计吞吐能力体现出来。

3) 港口的经营范围

由于各港口的地理位置和区位条件不同，因此各港口的经营服务范围也不同，主要体现在航班次数和航线覆盖面上。

4) 政府对港口经营者的关注程度

政府的规制目标为包括港口经营者利益在内的社会总福利最大化，但不同的港口经营者在规制者政府的目标中的地位是不一样的，从而对规制政策的制定有不同的影响。

上述因素会对规制者政府的规制目标产生不同的作用，本书将分析各种相关因素对两种规制模式效果的影响。通过各种条件下两种规制模式效果的比较，得出各种规制模式的适用范围。

1.2.4.3 港口规制的主要内容

1）费率

在对交通场站的分析中，影响其服务需求量的是广义价格，用各种交通场站设施和服务的使用费率加上由于用户等待而产生的时间成本之和来反映（Oum，Zhang 和 Zhang，1996；Zhang 和 Zhang，1997，2001，2003）[95,139-141]。就规制者而言，对港口设施和服务的使用费率进行规制可以影响港口服务的需求量，进而影响社会福利，因此对港口的费率进行规制是港口规制的主要内容之一。

2）投资

港口投资的范围很广，包括机械设备、仓库堆场、信息系统、泊位建设、船舶进港航道的整治等，而其中泊位和仓库堆场的建设所占比重最大，关系到用户的等待时间成本，对港口竞争力和社会福利的影响也最大，因此本书的港口投资规制主要指政府对这方面投资的调控。

3）差异化程度

除了上述对泊位面积和仓库堆场的投资以外，港口对其他方面的投资和改进将对港口经营的差异化程度产生影响。而港口经营的差异化程度将会影响到用户对于港口的选择，进而影响到用户在港口因等待而产生的时间成本。因此对港口的经营差异化程度进行规制也是港口规制的主要内容之一。

对于上述三项港口规制的主要内容，两种港口规制模式的规制方式完全不同。中央规制模式直接规定港口的费率、投资和差异化程度，而地方规制模式则是对地方政府控制的公用码头费率、投资和差异化程度进行规定，通过公用码头与货主码头之间的竞争来间接地影响私人经营者控制的货主码头，从而达到规制的目的。

1.3 结构体系及创新点

1.3.1 主要研究内容

本书的研究内容安排如下：

第 1 章指出了研究我国港口规制模式的背景及意义，并结合近年来国内外港口管理体制的发展历程总结出两种主要的港口规制模式。通过这两种模式的初步对比和分析，指出了两种港口规制模式的差异、影响因素及港口规制的主要内容。此外，本章还概要地介绍了本书各章的主要内容，并指出了本书的创新点。

第 2 章对规制理论进行全面的综述。

第 3 章对与港口产业相关的研究文献进行综述的基础上，指出现有研究的不足之处及本书对此的改进之处。

第 4 章建立了全文统一的港口规制模型。研究了在港口投资和经营差异化程度既定情况下的港口费率规制模型，得出了两种规制模式下港口费率的规制准则，就各种因素对港口费率的影响进行敏感性分析，并对两种港口规制模式下港口经营和社会福利进行比较。

第 5 章对第 4 章的模型进行拓展，放松了港口投资不变这个前提，研究了在考虑港口投资时港口费率和投资的规制模型，得出了考虑港口投资时两种规制模式下港口费率和投资的规制准则，就各种因素对港口费率和投资的影响进行敏感性分析，并对考虑港口投资时两种港口规制模式下港口经营和社会福利进行比较。

第 6 章对第 5 章的模型再次进行拓展，放松了港口差异化程度不变这个前提，研究了在同时考虑港口投资和增加差异化程度情况下港口费率、投资和差异化程度的规制模型，得出了在同时考虑港口投资和增加其差异化程度时两种规制模式下港口费率、投资的和差异化程度的规制准则，就各种因素对港口费率、投资和差异化程度的影响进行敏感性分析，并对考虑港口投资和增加其差异化程度时两种港口规制模式下港口经营和社会福利进行比较。

第 7 章是实证分析。运用随机前沿分析(Stochastic Frontier Analysis)对港口带来的社会福利状况进行量化，在此基础上，运用 1997～2008 年我国港口管理体制改变前后排名前 10 位港口的面板数据，就我国港口规制模式的改变对港口的费率、投资、差异化程度、港口服务需求量和社会福利有无显著差异进行实证分析。

第 8 章是结论和展望。对本书的主要结论进行了系统的回顾和总结，并指出研究的不足及未来的研究方向。

全文的研究框架结构如图 1-1 所示。

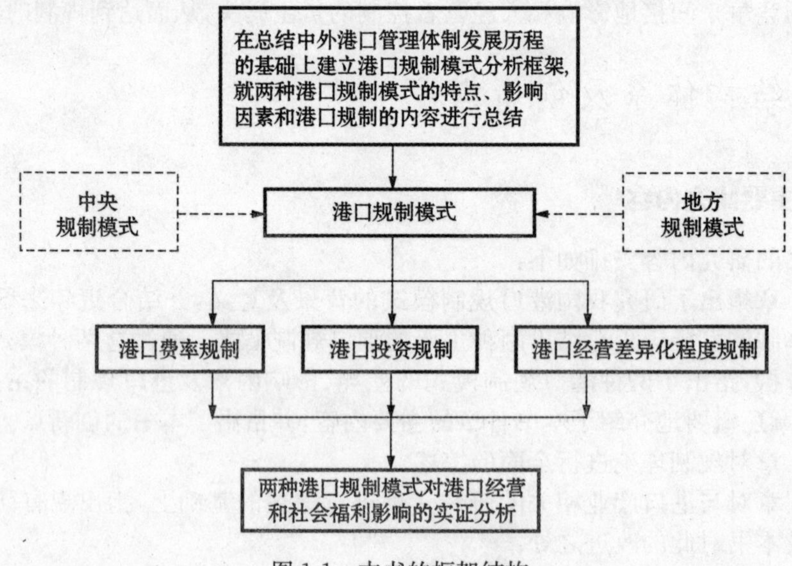

图 1-1 本书的框架结构

1.3.2 创新点

本书的创新点包括：

(1) 在研究港口规制模式的框架方面，建立了分析港口规制模式的总体框架。根据国内外港口管理体制改革的经历将港口规制模式总结为中央规制和地方规制两种，并指出影响港口规制模式的因素和港口规制的主要内容。

(2) 在研究港口规制模式的方法方面，构建了基于动态博弈理论的港口规制模型。在统一的港口规制模型的基础上，通过逐步增加规制决策变量的方法对港口规制模型进行扩展。其中对于中央规制模型，运用委托代理理论，特别是将同时考虑港口费率、投资和经营差异化规制的问题转化为二维逆向选择问题，并运用最优控制理论方法进行解决；对于地方规制模型，将其总结为地方政府同货主之间的三阶段动态博弈模型，并运用逆向归纳法进行解决。

(3) 在研究港口规制模式的结果方面，得出了符合中国港口实际情况的结论。本书给出各种情况时两种港口规制模式下港口费率、投资和经营差异化规制的准则，分析了港口经营者边际装卸成本、港口服务需求对价格的敏感程度、政府对港口经营者的关注程度等因素的变化对港口规制准则、港口经营和社会福利的影响。通过理论研究与实证分析，得出了同时考虑费率、投资和差异化规制时，中央规制模式下港口费率较高，地方政府规制模式下港口的经营差异化程度、港口服务需求和社会福利较高，而规制模式的变化对港口投资和港口经营者利润的影响不定的结论。

第 2 章　规制理论综述

2.1　政府规制的内涵和定义

"规制"一词来源于英文"Regulation"或"Regulatory Constraint",意为以法律、规章、政策、制度来加以控制和制约,也有些学者译为"管制"。规制强调的是通过实施法律和规章制度来约束和规范市场主体行为,有广义和狭义之分。

广义的规制如日本学者植草益所提出的:规制是指依据一定的规则,对构成特定社会的个人和经济主体的活动进行限制的行为。植草益将实施规制行为的主体分为私人和社会公共机构两类。由私人进行的规制,即私人约束私人(如父母约束子女)的行为,称之为私人规制;由社会公共机构进行的规制,如政府部门对私人以及其他经济主体行为的规制,称之为公共规制[200]。

狭义的规制则指政府规制,即政府是进行规制的主体。就政府规制而言,由于理解的不同,学者们的表述存在差异。维斯卡西(Viscusi,1995)认为,政府规制是政府以制裁手段,对个人或组织自由决策的一种强制性限制。政府的主要资源是强制力,政府规制就是以限制经济主体的决策为目的而运用这种强制力。史普博(Spulber,1999)认为,政府规制是"由行政机构制定并执行的直接干预市场配置机制或间接改变企业和消费者之间供需决策的一般规则或特殊行为"。他还认为,"将规制的含义限制为政府对资源配置的直接参与,这个观点是正确的,但并非规制的唯一形式。在某些情况下,与普通法相比,规制也许能为市场交易提供一个成本更低的基础。"[146]卡恩(Kahn,1970)指出,作为一种基本的制度安排,政府规制是"对该种产业的结构及其经济绩效主要方面直接的政府规定,比如进入控制、价格决定、服务条件及质量的规定,以及在合理条件下服务所有客户时应尽义务的规定。"[55]萨缪尔森把政府规制限定在政府对产业行为的限制上[143]。而斯蒂格利茨则将政府规制拓展到更广大的范围,认为政府对产业的保护、扶助以及合理化和转换等,都应看作属于政府微观规制的范畴,如为了促进技术创新而进行的税收和减轻反托拉斯法的执行力度,以及对幼稚工业的保护等[179]。梅尔认为政府规制是指政府控制公民、公司或下级政府行为的尝试,在某种意义上,是指政府对社会范围内公民选择的限制。在经济学的经典辞书中,政府规制指的是政府为控制企业的价格、销售和生产决策而采取的各种行为,如控制定价水平、规定产品和服务质量标准等。政府公开宣布,这些行动是要努力制止不充分重视社会利益的私人决策,它包括政府为改变或控制企业的经营活动而颁布的规章和法律[144]。苏东水认为政府规制是政府为实现某些社会经济目标,而对经济中的经济主体作出的各种直接的具有法律约束力的限制、约束、规范以及由此引出的政府为督促经济主体行为符合这些限制、约束、规范而采取的行动和措施[181]。这一定义把规制看做是政府干预微观经济的主要手段之一,将规制限定在政府的"限制行为"上。

不同学科对政府规制的定义也有不同侧重:经济学认为,政府规制是对市场缺陷的有益补充,是有效配置资源的必要;而政治学文献则强调政府规制是政治家寻求政治目的的政治过程,规制政策的形成和执行是各种力量相互协调和平衡的结果;法学对政府规制的研究主要体现在执法、市场规则及行政程序上。

2.2 政府规制的必要性

对于政府为什么要规制微观主体的经济活动,从 Utton(1986)、McAdams(1986)、Stigler. G. J.(1989)到 Weidenbaum(1995),许多学者从不同方面提出了多种理论来解释政府对经济的这种干预。但总结起来政府规制实际上是对市场失灵的反应,是克服市场配置资源缺陷的一种不可或缺的制度安排,同时也是整个经济系统的一个内生变量。

2.2.1 政府规制是克服市场失灵的一种制度安排

关于规制理论依据的传统经济学观点是规范性的,认为政府规制是对市场失灵最通常的反应,即应当采取规制手段来纠正市场的主要失灵之处,避免市场经济运作可能给社会带来的弊端,主要体现在如下几点:

1) 政府规制是解决垄断问题的需要

市场机制只有在竞争状态下才能最有效地发挥作用,但竞争会导致生产的积聚和集中,从而形成垄断。自然垄断行业的特性要求政府对其实施规制:一方面满足其规模经济需要,对行业准入进行限制;另一方面对自然垄断企业实行价格、服务质量等方面的规制,保证消费者的利益不受垄断组织的损害,从而在整体上增进社会福利。因而,抑制过度垄断,保证适度竞争,成为政府行为的重要组成部分。

2) 政府规制是解决外部性的需要

外部性是指从事一项经济活动的私人成本与社会成本或私人收益与社会收益不一致的现象。外部性可以是正的,即经济主体在市场不支付费用而得到效益,又称外部经济或效益溢出;也可以是负的,即某一经济主体不支付代价而提高另一经济主体的支出,又称外部不经济或成本溢出。由于外部性的存在,完全竞争市场的价格信号不再能够完全反映商品生产的社会成本与其带来的社会收益，这使得完全竞争市场达到的市场均衡不再是社会最优的。

当消费单位的效用不仅取决于该单位的消费，而且取决于其他单位的效用时，就存在着消费中的外部性（戴维斯和诺斯，1991）[147]。企业的外部不经济行为只能由政府干预或社会管理来解决，把外部不经济转化为企业内部成本的工作也只能由政府或社会机构来实施。如政府通过对产生负外部效应的经济活动进行征税，或提供产权界定，将外部不经济转化为企业内部成本。正外部效应同样也需要政府来解决，如实施知识产权保护等等。

3）政府规制是解决信息不对称问题的客观需要

布雷耶尔和麦卡沃伊（1992）指出，在以下三种情况下，政府规制可以降低得到信息的成本，克服信息不对称。一是供给者通过使消费者上当受骗而获得利润，但消费者得到的诸如由民事法庭判定的法律补偿比规制的代价更高；二是消费者不可能轻易地对收集到的信息作评价，而犯错误的代价很高，比如在潜在的药物效力方面，或在某一特定的航线上的安全方面；三是市场的供给方面不能（在以成本为基础的价格上）提供所需要的信息[144]。相应地，政府可以采取两种规制方式：一是政府设法提供这些信息，或要求经营者提供这些信息。二是建立或实施产品质量标准或向生产厂商发放生产经营许可证。

4）政府具有解决市场失灵问题的某些独特优势

市场失灵并非一定要通过政府才能解决，如有些外部性，通过当事人双方的私人协议安排，也能处理好。但政府在矫正市场失灵时具有某些优势，这是因为它具备两个突出特征，即成员的普遍同质性（Universal）和强制性权力（Power of Compulsion）（Stiglitz，1989）。市场的运行事实上依赖于政治制度的各种强制性权力。国家运用这些权力，建立并保障市场上的权利，直接提供某些基本的服务，并间接地创造出信任、理解和有安全保障的环境，这种环境对企业的日常生产是生命攸关的（奥肯，1999）[142]。

2.2.2 政府规制是经济系统的一个内生变量

政府规制不仅仅是解决市场配置资源缺陷的一种外在、强加的制度安排，而且是整个经济系统的一个内生变量，即：

1）政府规制是有效进行宏观调控的需要

在现代市场经济条件下，政府干预经济政策主要涉及两个方面：一是微观规制政策；二是宏观调控政策。这两方面是相互联系、相互补充的统一体。政府要对复杂的、变动的社会经济体系进行宏观调控，没有必要的微观规制是不可想象的。如经济性规制和社会性规制的某些具体措施是维护市场经济秩序的手段，为有效的宏观调控创造条件等等。

2）政府规制是市场交易的一种制度安排

通常认为，市场交换活动需要两项基本制度，即产权制度和契约或合同制度。但这两种制度并不是从来就有的，而是需要由政府来制定并监督实施的。随着市场规模不断扩大和市场交易日益复杂，交易成本也在不断增大，市场在运行过程中出现了种种失效，对政府在维护公平市场交易以及平等竞争秩序方面的功能也就产生越来越多的要求。

3）政府规制是市场供求机制作用的客观结果

在市场经济条件下，任何一个产业部门或行业的成员都以利润或收益最大化为目标，通过"成本—收益"分析来选择自己从事经济活动的环境，为了使竞争不至于过于激烈，需要政府规制来控制产业进入。在整个经济中，某些集团要求并得到了政府的保护，但另一些集团则不要求或未能得到政府的保护；一些集团得到的保护多一些，另一些集团则少一些。这样，规制就成了经济系统的一个内在的变量，它就像一种特殊的商品，也是供求相互作用的结果[180]。

2.3 政府规制的分类

按照政策目的和手段的不同，政府规制一般可分为直接规制（Direct Regulation）和间接规制（Indirect Regulation）两种。间接规制是指在维护市场经济主体自由决策的前提下，对某些阻碍市场机制效能发挥的行为加以管制，它是依照反垄断法、商法、民法等法律以制约不公平竞争行为为目的的规制。直接规制是指由政府行政部门直接实施的政府干预，即对特性强烈的公共产品和外部不经济性以及严重影响社会公益的经济活动直接进行约束和管制。

按照主流经济规制理论的分类，直接规制又可分为经济性规制（Economic Regulation）和社会性规制（Social Regulation）。经济性规制是指在存在着垄断和信息不对称问题的部门，以防止无效率资源配置发生和确保需要者对产品和服务公平利用为主要目的，通过被认可和许可的各种手段，对企业的进入、退出、价格、服务质量以及投资、财务、会计等方面的活动所进行的规制。它是对特定行业的规制，例如对通信、电力、城市燃气、自来水、交通运输和金融业的规制。社会性规制是不分行业的规制，是以保障劳动者和消费者的安全、健康、卫生、环境保护、防止灾害为目的，对物品和服务质量以及伴随着它们的生产过程而产生的各种活动制定一定的标准，并禁止和限制特定行为的规制，具体包括安全性规制、健康规制和环境规制等[183]。

根据上述对政府规制分类的分析，作如下归纳，如表2-1所示。

表 2-1 政府规制的分类

项 目	间接规制	直接规制	
内容	不公平竞争规制	经济性规制	社会性规制
政府活动	限制企业垄断行为和不公平竞争规制	对自然垄断产业在进入、价格、退出、投资等方面实行的制约	防止公害、环境保护、取缔毒品等

2.4 规制理论研究

2.4.1 传统规制理论研究

随着市场经济由古典类型向现代类型的转变，规制日趋重要，迄今经历规制、放松规制以及再规制与放松规制并存的动态演变过程。与丰富的规制实践相辅相成，西方学者在规制理论研究方面取得一大批成就，最初这些成就散见于微观经济学和产业组织理论中。直到 20 世纪 70 年代，施蒂格勒、德姆塞茨和佩尔兹曼等学者开始对政府产业规制的分析，用经济学标准的供求分析方法来研究规制，并试图将以前的研究成果系统化，规制经济学才逐步分离出来，成为一门相对独立的学科和新的研究领域。随着激励性规制理论的兴起和发展，规制经济学逐渐融入主流经济学，成为当代西方经济学的一个重要分支，构成了应用微观经济学最重要的领域之一。规制理论的演进如图 2-1 所示。

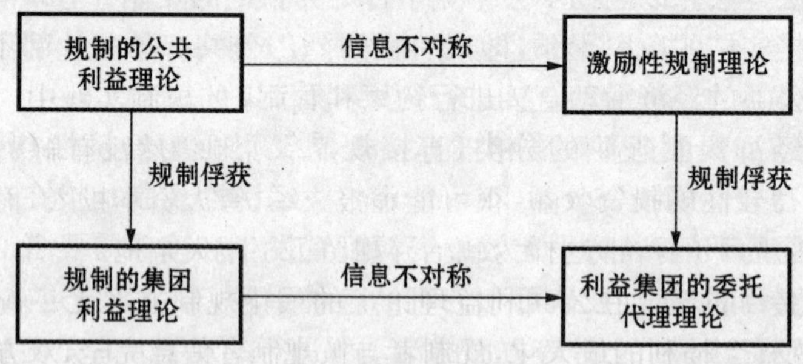

图 2-1 规制理论演进

2.4.1.1 规制的公共利益理论

公共利益理论以市场失灵理论和福利经济学为基础，将市场失灵作为政府规制的动因，把政府看做是公共利益的忠实代表，应公众的要求弥补市场失灵带来的无效率和不公平，提高资源配置效率，实现社会福利的最大化。从理论上说，当出现市场失灵时，规制可能带来社会福利的提高自由市场在有效资源配置和满足消费者需求方面不能产生良好绩效，政府将规制市场以纠正这种情形，其基本假设是：①市场在自行运转时易发生无效率或不公平，如垄断、外部效应等；②政府是仁慈和公正的，并且以实现社会福利最大化为目标；③信息是完全的，规制者可以了解被规制企业的任何信息，并可根据这些信息作出理性的计算；④政府规制的成本为零。

公共利益理论下的规制方案主要有，边际成本定价——杜比特—霍特林模型、最优偏离边际成本定价——拉姆齐—布瓦特模型、收益率规制等价格规制方案。

杜比特—霍特林（Dupuit-Hotelling）模型的核心思想是：为了社会福利最大化，对自然垄断产业应该实行边际成本定价规制，由此对企业造成的亏损由政府用税收予以弥补。但是，当政府用作补贴的税收来自一次总付税受到限制时，政府只能依靠扭曲性税收，这同资源最优配置和社会福利最大化形成悖论。目前，该规制模型基本上退出历史舞台。

拉姆齐—布瓦特（Ramsey-Boiteux）模型是一种对边际成本定价最优偏离的定价方式，是受企业预算平衡约束的帕累托最优价格，是一种"次优"的定价方式。相对于有政府补贴的边际成本定价来说是一种规制设计上的改进，减少了经济扭曲。虽然按边际成本定价规则不复杂，但对信息的要求很高，要求规制者掌握的关于技术和需求的信息，消费者的消费信息及消费价格弹性很难及时得到，所以该模型的政策含义并不具有很强的现实性。

由于拉姆齐—布瓦德模型假定企业成本函数是外生的，所以这一定价模型几乎没有涉及受规制企业的激励问题。收益率规制是指规制当局允许企业获得一个基于资本投资的公平回报率，依此企业自由选择投入水平、产出水平和定价。实质上，它是一种平均成本定价模型，曾出现于大多数国家的规制实践中。回报率规制模型的优点很多，如保证企业收支相抵等。收益率规制仍然没有解决信息不对称问题，企业为获得较高的投资收益，很可能虚报成本，夸大资本投入，而且公平收益率并没有一个客观评价标准，这样为政治寻租留下了很大余地。

综上所述，传统的建立在公共利益理论上的最优规制方案无一例外地假设规制的目标是实现社会福利的最大化，规制者与被规制者信息完全，双方进行的是信息对称的博弈。由于未考虑信息不对称，设计的传统最优规制方案存在诸多缺陷。主要缺陷是对企业成本信息的依赖性较强，不能提供降低成本的激励，过度资本化的 A-J 效应。

2.4.1.2　规制的利益集团理论

在对政府规制历史的回顾中，人们发现现实中的规制政策与市场失灵并不太相关。至少从规制的经验来看，规制是朝着有利于生产者的方向发展的。规制提高了产业内厂商的利润，既没有降低价格，也没有提高效率。这就与规制的初衷——公共利益的原则背道而驰。一些学者因此突破了传统的“市场失灵时规制产生的原因，规制是有效率的”规范分析，转而从政治过程对规制产生的原因进行实证性研究。规制的利益集团理论是在对规制政策的经验研究基础上发展起来的。利益集团是“一个由拥有某些共同目标并试图影响公共政策的个体构成的组织实体”[96]。该理论强调规制不仅仅是一个经济过程，更重要的是政治决策对经济资源重新分配的过程。认为规制的目标不是为了公共利益，而是取悦于特殊的利益集团。从而强调利益集团在公共政策形成过程中发挥的重要作用。

1）规制俘获理论

规制俘获理论是利益集团规制理论的最早雏形。与规制公共利益理论完全相反，规制俘获理论认为利益集团在公共政策形成中发挥重要作用，规制的供给是应产业对规制的需求（立法者被产业俘获），或者随着时间的推移规制机构逐渐被产业控制（规制者被产业俘获）。其含义是规制提高了产业利润而不是社会福利。该理论包括马克思的大企业控制国家机构的版本、早期政治学家的版本和后来的正式版本。在某种程度上，俘获理论比公共利益理论更符合规制的经验观察，因而更具说服力。但该理论仍有致命缺陷：缺乏理论基础，没有解释利益集团如何控制或影响规制；俘获理论无法解释现实中的许多现象。比如，规制的交叉补贴和偏向小规模生产者，石油天然气价格规制，以及对于环境、产品安全、工人安全的社会规制。规制俘获理论还难以解释许多产业被规制及后来又被放松规制的内在原因。

2）规制经济理论

理论分析与实践经验表明，规制与市场失灵的存在不完全相关，与规制公共利益理论相矛盾，而且，规制并不总是支持生产者，与规制俘获理论相冲突。从总体上看，规制公共利益理论和俘获理论都称不上是真正的理论，而仅仅是一种假设和对规制经验的一种陈述。1971 年，诺贝尔经济学奖获得者施蒂格勒发表《经济规制论》，首次尝试运用经济学的基本范畴和标准分析方法来分析规制的产生，开创了规制经济理论。该理论将政治行为纳入经济学的供求分析框架下，有力地解释了利益集团如何控制或影响规制，是规制理论的一个巨大进步。后来佩尔兹曼和贝克尔等人在其研究的基础上，进一步发展和完善了规制经济理论。

斯蒂格勒认为：规制是受损集团向受益集团的通过政治配置进行的一种财富转移；利益集团单位净收益越大，对规制决策的影响越大，其中由于获得的收益和为获得利益进行的投标是通过规制者平衡实现的（外生变量）。因此，组织成本是决定利益集团净收益的内生变量，组织成本越低，即单位人数越少，则收益越高，这就证明了为什么规制政策总是有利于小集团的利益。

佩尔兹曼的模型则表明，政治利益最优的条件是由政治支持边际替代率等于由于生产者利润和消费者剩余相互转移的边际替代率。政治决策人需要在生产者和消费者之间寻求利益平衡。过多地倾向于生产者，会导致价格上升，由此会引起消费者的不满；过多地倾向于消费者，会导致利润减少，由此会引起生产者的不满。因此，最优的价格和进入规制就是生产者和消费者的力量均衡，这种均衡显然不是竞争市场中的价格均衡。

尽管斯蒂格勒、佩尔兹曼的模型最重要的假设是利益集团直接影响规制政策。实际上，规制的过程并非如此简单。利益集团规制作为一种理论，并不具有太强的实践意义。因为，规制立法者不可能完全是利益集团的傀儡，规制立法者也不可能完全控制规制者。另外，利益集团理论也同样回避了信息不对称的环境，没有论及规制治理的委托代理实质和具体解决办法，更没有涉及信息不对称条件下规制方案的具体设计问题。

尽管传统的规制经济理论在许多方面取得了重大的成就，但是自20世纪70年代开始，规制理论的研究主题转向对规制中激励问题的研究。这个主题的兴起是内外因共同作用的结果。内因是传统规制经济学自身发展面临危机，主要表现在两个方面：一是由于忽视信息不对称，设计的具体规制方案在应用于实践时缺乏效率，从而使传统最优规制方式遭到质疑。在自然垄断产业，关于报酬率规制的实践自1960年开始就被批判，当A-J效应被发现，斯蒂格利茨和弗里兰德的实证研究指出被规制的垄断企业的产出缺乏效率。对传统规制的批评导致经济学家推荐放松规制和寻求规制的改进，激励性规制开始在公用产业中崭露头角；二是替代规制的理论——“引入竞争替代规制”的主张在实践中遭遇困境。即实践中竞争的引入无法完全替代规制，如特许经营竞标，在许多场合下并不优于规制方案，特别是当引入服务质量和不确定性时，特许权竞标与规制相像，一些优点也消失了。因此，问题不能简单归结为是通过规制来控制自然垄断问题，还是通过诸如特许经营权竞标这样的竞争机制来解决问题。问题的关键是什么样的制度将使自然垄断的成本最小化。在这样一种背景下，规制中的激励问题浮出水面。外因表现为：一是在西方规制经济学的外部，信息经济学和其框架下的委托——代理理论、机制设计理论、激励理论以及动态博弈论等得到迅速发展，这为分析规制问题和设计规制方案提供了新的工具；二是实践层面发生声势浩大的放松规制运动的推动。放松规制并不意味着取消规制，而意味着需要更有效率的、降低政府规制成本的规制方案的出笼。在内外因交织的影响下，规制中的激励问题这一主题直接产生了激励性规制理论。激励性规制理论不像传统规制经济学那样关注特定的规制制度，而将西方规制经济学的研究重心从政府为什么规制转到怎样规制的轨道上来；在信息不对称的假设下，在机制设计文献的帮助下，以刻画最优规制为目的，设计激励机制。

激励性规制从两方面突破传统规制经济学，形成两个理论分支：第一，在仍将政府看成是社会福利的最大化者的前提下，考虑规制过程中存在的信息不对称性，将其归于委托——代理理论的分析框架，形成公共利益范式下的激励性规制理论；第二，在坚持利益集团范式的基础上，吸收了政治学中前沿的规制体系非整体观，承认规制者可能被受规制企业或其他利益集团俘获而与之合谋，从而发展了一种具有多层结构的利益集团政治的委托——代理理论，在更复杂的框架下探讨规制激励机制，最终形成利益集团范式下的激励性规制理论。

2.4.2 激励性规制理论

在传统的政府规制理论和实践中，由于没有考虑到信息不对称问题，使得规制的结果往往不尽如人意。被规制企业具有"私人信息"从而大大增加了政府规制的难度。建立在传统规制理论上的规制模式(如收益率规制)并没有彻底解决公用事业效率低、成本高的问题。相对于市场失灵而言，政府同样是"失灵"的。

得益于信息经济学的快速发展，规制经济学也引入了不对称信息博弈。从而突破了传统规制理论完全信息的假设，形成了新规制经济学。该理论的集大成者拉丰(Laffont, 1986)指出"恰恰在传统的理论方法停滞不前的地方，崛起了新规制经济学：激励问题"[75]。拉丰还对新规制经济学的定义做了一个简要归纳：新规制经济学使用委托——代理理论的方法对规制者和被规制企业之间的契约关系进行分析。

在标准新古典经济学中有一个重要假设，就是完全信息假设。这是对现实世界的一种高度抽象，这意味着每一个参与者对商品的所有信息都了如指掌。在这一分析框架下，信息不会给市场机制带来麻烦，所有信息都可以无成本的获得，并集中反映在价格上。在此基础上构建的理论和观点受到了现实经验的反驳。因为在现实世界中，个人搜集、获取，以及处理信息都是需要花费成本，信息也会有可能失真。

洛布和马加特(Leob and Magat，1979)将规制经济学纳入到了委托—代理分析框架，强调指出由于规制者信息的缺乏导致了逆向选择问题，建议规制者给企业的转移支付不会造成额外社会成本的情况下使用格罗夫斯占优策略机制解决此不对称信息问题[82]。霍姆斯特姆(Holmstrom，1979)提出了分布函数的参数化方法，该委托—代理模型表明：在信息不对称条件下，委托人可以根据可观测到的信息，在参与约束和激励相容约束条件下设计最优激励机制[48]。巴伦和迈耶森(Baron and Myerson，1982)则通过规制者最大化企业利益和消费者剩余的加权平均将上述问题转化为一个资源配置的次优解问题[11]。

Laffont 和 Tirole 等人在他们的系列论文中系统地研究了政府对完全垄断企

业的规制问题。Laffont 和 Tirole 等人(1986)研究了生产单一产品企业的规制定价问题[75]。通过考虑连续型的产出和有弹性的需求曲线,指出规制方案的激励程度取决于两个可观察的变量:成本和价格。最优的定价规则是 Ramsey 定价,公共资金影子成本的存在使价格超过边际成本,但仍低于垄断价格。Laffont 和 Tirole (1990)研究了生产多种产品企业的规制定价问题[76],指出最优的成本补偿规则和通过线性最优菜单实施最优规制配置的充分条件是产品 k 的规制价格应满足:$L_k=R_k+I_k$,其中 L_k 为勒那指数,R_k 是 Ramsey 指数,I_k 是产品 k 的激励校正。当激励与定价问题是可以分离的($I_k=0$,即产品 k 价格的上升对提高激励没有作用),规制者在保持企业激励的同时,只用成本补偿规则来抽取企业的租金;当激励与定价问题是不可分离的,则产品 k 产量的增加提高了成本函数中努力和效率之间的边际转换率,此时激励校正有利于产品 k 提高价格(降低产量),产量的增加使得企业更容易将外生的成本变化转换为租金。Laffont 和 Tirole(1990)研究了产品的质量不可验证时的规制定价问题[77]。由于合约不能直接依从质量,企业提供高产品质量的激励是为了维持其产品的声誉。如产品是经验品(购买后才能观察到质量的产品),当期的销售对质量不敏感,此时成本补偿规则是唯一的规制工具;由于提供服务是由低强度的激励方案诱导的,所以对质量评价的提高会挤出降低成本的活动。对于搜寻品(购买前可观察到质量的产品)而言,消费是显示质量的信号,如对企业的报酬是以销售作为基础的,提高质量的激励与减少成本的激励是无关的。Laffont 和 Tirole(1990)研究了关于旁路和撇脂的规制政策[78],他们得出如下结论:①规制者与企业之间的不对称信息提高了受规制企业的实际成本,使得采用旁路技术的可能性上升;②当受规制企业的效率较高时,应给予高需求的消费者不采用旁路技术的激励。受规制企业激励方案的强度和企业抵抗旁路技术的成功正相关;③为了使低需求的消费者远离高需求消费者的消费组合,应对高需求消费者收取较高的固定费用和较低的边际价格;④当受规制企业受到旁路的约束而不让旁路技术运行时,低需求的消费者有可能得到正的净消费者剩余;⑤旁路妨碍了最优的二级价格歧视;⑥中等的受规制企业会受到旁路技术的损害,而高效率的受规制企业可能从旁路的威胁中得到利益。Laffont 和 Tirole(1994)研究了受规制企业在最终产品市场上生产竞争性中间产品的定价问题(接入定价)[79]。他们得出如下结论:①在不考虑激励的情况下,受规制企业向在最终产品市场上不受规制的竞争者提供中间产品的价格应反映如下事实:提供给竞争者的中间产品和受规制企业的最终产品是相互替代的,接入价格超过了边际成本。如竞争性边界企业在规模收益不变的状态下进行生产,接入价格会高于中间产品的需求弹性所对应的 Ramsey 价格。②当受规制企业拥有给竞争对手提供接入的附加成本的私人信息时,它们会企图夸大这一成本,以减少竞争并获取较高的租金。因此低强度的激励方案较为合适，这样可以减少夸大接入价格的诱惑。Laffont 和 Rochet(1998)研究了风险厌恶企业的规制问题[74]。与风险中性企业的规制相比：①低效率的企业产量扭曲程度更加严重，努力程度更低，但仍保留有租金；②受规制企业风险厌恶程度的增加会导致更多混同均衡的出现；③受规制企业的风险厌恶降低了规制合同的激励程度。

不同学者将上述对垄断企业的规制理论和方法应用到不同行业的企业之中。Laffont(1995)讨论了对有环境危害的垄断企业进行规制的问题[61]，指出规制效果取决于受规制企业成本最小化和制定安全标准两者之间的权衡。他得出如下结论：①为了诱导受规制企业达到规定的安全水平，成本最小化的规制方案的激励程度较低，甚至对效率最低的企业也必须给予一定的信息租金；②如受规制企业对于环境危害的风险较大，则此类环境保险不能通过市场手段来解决，应通过寻求受规制企业与保险商之间的合作机制来解决；③事前竞争和事后竞争的规制策略会产生完全不同的结果，其中事前竞争的规制策略会增加受规制企业追求低成本的激励效果，降低受规制企业提高安全水平的努力程度，导致较低的安全水平。Laffont(1996)研究了在信息不对称情况下对产生负外部性的完全垄断污染企业的规制问题[62]。他应用对多种产品的垄断企业进行规制的方法，指出可用修正后的 Pigou 税作为规制手段。此外他还对污染水平是可证实的与不可证实的两种情况，污染来自同一企业的不同部门和不同企业的情况以及如何对整个产生污染的行业进行规制等问题进行了探讨。Laffont 和 Guessan(1999)分析了规制中的腐败与竞争的问题[65]，他们讨论了政府在规制中如何确定“最优”竞争水平。他们指出：当规制企业与竞争企业的产品是互相替代时，竞争的加剧会增加规制企业的腐败。Boyer 和 Laffont(1999)从不完备合约的角度考虑规制工具的选择问题[21]，建立了环境规制的分析框架。他们指出：环境规制政策的执行取决于不可证实的变量，因此政府必须将规制权限下放给政客。而政客出于取悦于具有较大投票影响力的企业集团的目的，有可能与这些企业集团形成合谋。他们得出如下结论：公共资金的社会成本和经济变量的波动性越大，则政府下放给政客的规制权限将越大；企业集团的投票影响力越大，则信息租金越大，政府的规制结果将会离最小化社会成本的目标越远。Laffont(2003)讨论了在发展中国家缺乏保障合同执行的环境下的规制问题[63]，指出发展中国家的规制者或者通过强制执行，或者通过再谈判的方式来实现规制合同的履行。而再谈判的概率与执行合同的成本成反比，合同的执行水平与腐败产生的容易程度成反比，合同的强制执行会先增加，而后降低发展中国家的经济发展水平。Boyer 和 Laffont(2003)就受规制行业中的竞争和激励机制作了探讨[22]，在指出四种会影响受规制行业中竞争和激励机制的外在因素(委托人的信息结构、委托人的目标函数、代理人的激励约束和代理人的参与约束)

的基础上，研究了委托人掌握较多的信息、清算威胁、专利权的获得、引入高效率的私营企业和增加替代品等因素对竞争和激励机制效果的影响。Cremer 和 Laffont(2003)对消费者使用公共品存在成本时公共品供给的规制问题进行研究[33]，得出如下结论：当消费者的平均收入较高而使用公共品的成本较低的时候，信息不对称现象会增加对贫困者使用公共品补贴的成本；当消费者的平均收入较低且使用公共品的成本也较低的时候，信息不对称现象会降低对贫困者使用公共品补贴的成本；因此当使用公共品存在成本时，公共品的垄断供给会加重公共品供给的不足。Estache 等(2004)研究了公有制企业的改革过程中关于职工分流的规制问题[38]。通过建立关于职工生产率的逆选择模型，他们指出：①公有制企业中职工分流的各种规制效果取决于职工在公有企业和私有企业中生产率的比较；②如果信息不对称的程度较轻，则混同均衡最有可能发生，因而随机机制(Random Mechanism)最优；如果信息不对称的程度较严重，则职工与公有企业的管理者更可能形成合谋，此时分离均衡最有可能发生，合谋有利于对职工进行信号甄别。Kotakorpi(2006)讨论了对电信的接入定价、投资及准入进行规制的问题[59]，指出接入定价规制会减少垄断者的投资激励，进而减少社会福利。Guthrie 等(2006)对投资成本随机变化情况下电信规制中通常采用的前向(Forward-looking)和后向(Backward-looking)接入定价模式进行比较[46]，指出就投资时机而言，后向接入定价模式会延后投资时间；就社会福利而言，前向接入定价模式优于后向接入定价模式。

Auriol 和 Laffont(1992)研究了双寡头企业的规制问题[6]，讨论了信息不对称对于完全垄断规制结构和双寡头规制结构的影响，指出规制结构的优劣取决于三种效应的共同作用：撇脂效应、标尺竞争效应和边际成本递增效应。他们得出如下结论：事前的信息不对称有利于双寡头的规制结构，而事后的信息不对称有利于垄断的规制结构。Wang 和 Peha(1997)研究了规制者运用价格机制来诱导电信垄断运营商提升基础设施能力的最佳时机问题[128]。规制者的目标是社会效率和消费者利益总和的最大化，考虑在成本、需求和新技术扩散速度的影响下的最优静态价格策略。他们得出如下结论：①电信垄断运营商提升基础设施能力的最佳时机为投资的边际成本等于边际收益时。②当投资的边际成本较小和需求增长较快时，提升基础设施能力的最佳时机较早；当新技术的扩散速度较快时，提升基础设施能力的最佳时机较晚。Wang(2000)研究了在边际成本信息不完全情况下寡头企业的规制问题[124]，得出如下结论：①最优规制可采用如下的简单形式：当至少有一个企业报告自己是低成本时，则汇报低成本的企业均生产最优的产量，汇报自己是高成本的企业不生产；当所有企业均报告自己是高成本时，则规制者主观认定效率最低的企业生产全部的产量，而其他企业均不生产；②当企业个数趋向于无穷时，规制者可获与完全信息情况下市场上的企业全部是低成本时相同的社会福利水平。

在对寡头企业的规制研究中，一个重要的问题是规制者如何通过适当的机制设计来防范寡头企业之间的合谋。对此，Laffont 和 Martimort(1997，2000)研究了在单一委托人、单一监督者和两个代理人的情况下，不完全信息变量只有两种取值和代理人的类型之间存在相关性的条件下，代理人类型的相关性对合谋以及集权制和分权制的影响[66,69]。他们的研究表明：当代理人的类型完全不相关时，防共谋机制可以被无条件地执行，此时集权制和分权制的结果是一样的；当代理人类型的相关性越来越大时，产出的扭曲程度和防共谋机制的代价也越来越大，此时分权制优于集权制。Laffont 和 Meleu(1997)讨论了如何避免代理人之间发生共谋行为的机制设计问题[72]，指出可以通过使用第三方的监督机制来实现。Laffont 和 Rochet(1997)对组织中共谋行为的研究进行了综述[73]。Laffont 和 Martimort (1998)研究了在单一委托人、单一监督者和两个代理人的情况下，不完全信息变量只有两种取值和 Leontief 生产函数条件下，代理人之间存在信息交流(合谋)且委托人与代理人之间的信息交流有成本的条件下，集权制(CC)和将权利分配给一个代理人的分权制(DS)两种组织设计机制下委托人的利益[67]。他们的研究表明：当委托人与代理人之间在信息交流方面无障碍时，集权制(CC)和将权利分配给一个代理人的分权制(DS)能取得同样的效果；当委托人与代理人之间在信息交流方面存在障碍时，将权利分配给一个代理人的分权制(DS)优于集权制(CC)。Laffont 和 Martimort(1999)运用寡头规制理论考虑在存在合谋情况下的公共品的供给机制[68]。通过对存在合谋情况下公共品供给的 Samuelson 规则的修正，他们得出了信息对称和信息不对称情况下的防共谋 Samuelson 规则，指出代理人之间合谋行为的无效性将有利于公共品的供给。Mookherjee 和 Tsumagari(2004)对存在合谋情况下的集权制和分权制进行比较[91]。他们考虑了不完全信息变量是连续型的和一般性生产函数(CES 生产函数)的情况下单一委托人、单一监督者和两个代理人的模型。通过对存在合谋的情况下集权制(CC)、采用监督者的分权制(DM)和将权利分配给一个代理人的分权制(DS)三种组织设计机制下委托人的福利状况的比较，他们得出了如下结论：①集权制(CC)优于将权利分配给一个代理人的分权制(DS)；②无论是否存在合谋的情况，对于委托人而言，当代理人的产出相互替代时，集权制(CC)优于采用监督者的分权制(DM)；当代理人的产出互补时，集权制(CC)劣于采用监督者的分权制(DM)；③当监督者具有完美信息时，集权制(CC)与采用监督者的分权制(DM)能产生同样的效果；当监督者完全不具有信息时，采用监督者的分权制(DM)最优。因此他们觉得分权制未必是最优的机制，而且监督者的信息完美程度与委托人的福利正相关。Grimaud、Laffont 和 Martimort(2003)研究了在单一委托人、单一监督者和单一代理人的情况下[44]，存在监督者和代理人合谋可能性下的集权制和分权制的问题。当不完全信息变量只有两种取值时，他们着重考虑了监督者的风险厌恶程度、监督信息的精确性和代理人的讨价还价能力对委托人期望福利的影响，得出了如下结论：①分权制是最优防共谋合同的一个执行，弱优于集权制；②当监督者为风险中性时，共谋可以被无代价地避免，当监督者为风险厌恶时，委托人必须提供有代价的保险，通过扭曲产出来减少监督者的风险，随着风险厌恶程度的增加，产出的扭曲程度也越大；③监督技术精确性的增加并不一定能改善委托人的福利。当监督者没有观察到代理人的信号和能完美地观察到代理人的信号时，委托人的福利均最小，因此委托人必须在监督技术精确性的增加所带来的利益与因此而导致的防共谋成本的增加之间进行取舍；④代理人的讨价还价能力对委托人期望福利没有影响。Laffont 和 Martimort(2005)运用寡头规制理论研究了发展中国家之间跨国公共品的供给机制[70]，并分析了不同国家消费者偏好的不同以及公共品的外部性对公共品供给结果的影响。

和上述政府直接控制垄断企业的定价和投资不同的是，King 和 Pitchford (1998)，Sasaki 和 Wen(1998)，Wen 和 Sasaki(1998，2001)研究了政府的另一种规制模式[57,106,129,130]，即政府通过设立国有企业同私有企业进行竞争的方式来实现对私有企业的规制。他们运用重复博弈方法对国有企业中过度投资(Excess Capacity)现象进行分析，指出国有企业将过度投资作为一种战略惩罚手段，用以防止私有企业为追求利润最大化而产量不足的现象发生。

Castell 和 Leporell(1995)对面临全球经济一体化情况下意大利电信业的规制政策进行了实证研究[28]。Ausco 等(1999)运用计量经济模型对西班牙肥料行业的价格规制效果进行了实证研究[7]。Damania(2001)就需求不确定情况下寡头产业的环境规制政策的效果进行了实证研究[35]。Laffont(2004)对发展中国家经济基础设施的规制情况做了研究[64]，在指出发展中国家普遍存在缺乏成本审计制度、腐败、信贷市场不完全、政府的控制能力较弱、缺乏长期合同、法制薄弱、吸引外资不力等问题的基础上，就发展中国家规制行业的市场结构、规制者的数量、规制的竞争政策等作了分析。

在国内方面，于良春、张伟(2003)认为对政府规制效果的评价必须确定在自然垄断规模报酬递增情况下，竞争性进入是否会出现过度，价格规制的问题是边际或增量成本定价不能弥补规模经济成本，如果缺乏补贴，市场配置无法达到最优。同时经济规制对产品的成本和服务的质量有间接和直接的影响[193]。王俊豪(2001)认为中国目前网络型产业效率较低，价格形成机制不能刺激生产效率，从而影响了企业通过自我扩张来提高网络型产业服务的供应能力，也使得最终消费价格居高不下，必须改革过于集中、垄断经营的政府规制体制[182]。刘安平(2002)对美国电力行业的规制进行了实证研究[164]。在对美国电力行业的规制历程和解除规制的经济分析的基础上，就电力市场的设计和规划、规制者在电力市场的角色等问题作了探讨，最后还对加利福尼亚的能源危机从规制理论的角度给出了解释。肖志兴(2003)对中国铁路运输业的规制问题进行了研究[189]，指出当前中国铁路运输业的规制中存在政企不分、规制主体缺损、铁路运输企业缺乏现代企业制度、铁路运输业的自然垄断业务和竞争性业务区分不明等问题，并在此基础上就中国铁路运输业规制体系中的规制原则、内容、规制法律和规制机构等问题作了探讨。肖兴志(2004)认为最优的激励规制计划的特性应根据产业的竞争程度和性质变化，规制者提高产业竞争的激励将随现有激励规制计划而相应变化。如果被规制企业试图攫取由激励规制产生的全部财务收益，那么促进激励规制长远而持久的有力支持将不会出现[190]。唐要家(2004)对中国电力行业的规制进行了实证研究[187]。在对中国电力行业的规制制度的演变和特征进行分析的基础上，就价格水平、价格结构、利润和经济效益等方面对中国电力行业的规制效果进行检验。黄继忠和杨凤(2004)对中国现代电力规制体系的建立进行了研究[157]。他们依据现代电力规制理论，在对中国传统电力规制制度的缺陷进行分析的基础上，提出了中国现代电力规制体系的框架。唐端仪(2004)对中国和美、英等国电信产业的规制改革进行了比较研究[186]。在对美、英等国电信产业的规制改革进行比较分析的基础上，就中国电信产业的规制成效和不足进行了评述。余英(2004)对中国机场的规制进行了实证研究[194]。在对机场收费规制、机场起降时刻拍卖、机场私有化、机场竞争与规制放松、机场环境规制等问题进行分析的基础上，就中国机场的规制成效和不足进行了评述。曲文秩(2004)以俄罗斯为例，对经济转型国家自然垄断行业的规制进行了实证研究[169]。在对自然垄断、转型经济和规制理论进行综述的基础上，就俄罗斯的铁路、能源、通信等自然垄断行业在定价、竞争政策、私有化、规制机构的设置等问题进行了评述。

2.5 政府规制的目标

既然规制的缘由是市场配置的效率损失、市场失灵和政府失灵，那么规制的主要目标就是弥补市场的缺陷，矫正市场机制作用的消极后果，进而保证和提高资源配置的效率。对于自然垄断产业来说，其经济规制目标一般是：

(1) 确保资源配置的高效率。之所以在自然垄断产业中实行经济规制，是因为自然垄断企业可能会滥用其垄断能力支配市场，制定垄断价格，实行不合理的价格歧视，并对消费者实施有差别的服务。由于垄断价格高于边际成本水平，这样就不可能使资源配置达到帕累托最优。对自然垄断产业实行经济规制，最主要的对策就是限制其垄断价格，尽可能使之接近边际成本水平。当然，在实际价格的制定上，并非就定位在边际成本，可能处于边际成本和垄断价格之间，再辅之其他手段，以弥补资源配置非最优的损失，争取次优目标。

(2) 提高受规制企业的内部效率。企业的内部效率(internal efficiency)与资源配置效率是既有联系又有差别的一个概念。内部效率更偏重于动态意义的资源配置效率。企业的内部效率可以归纳为四个方面：在现有的可以利用的条件下，实现投入品的最优组合所带来的技术效率；以最佳的生产规模进行生产所带来的生产效率；以最优的配送系统进行发送所带来的配送效率；实现尽可能高的设备利用率等。

(3) 避免收入的再分配(income redistribution)。由于自然垄断产业具有市场垄断力量，如果不加以规制，自然垄断企业可以通过垄断价格、差别价格、内部相互补助及差别对待等方式，产生收入再分配效应。具体而言，即通过确定垄断价格，不仅损害资源配置效率，而且可以将消费者剩余的一部分转化成企业的利润；垄断企业在向消费者提供同一服务时，可能通过差别价格，把消费者剩余转化为企业利润；经营多项产品和服务的垄断企业，可能通过一方服务领域的超额利润来弥补另一方面服务领域的过低利润，即所谓内部相互补助，这也导致不同事业领域的消费者之间的再分配；垄断企业也可能对消费者提供有差别的服务，可能对一些消费者提供服务，而对另一些消费者拒绝提供。如果在竞争性企业，一些被拒绝提供服务的消费者可以转向其他企业寻求满足需求，但在垄断条件下，被拒绝提供服务的消费者则无法满足其需求。因此，要求垄断企业担负对所有消费者提供普遍服务的义务。

(4) 促进企业收支平衡。要保证企业在非垄断价格条件下也能生存和发展，就要求垄断企业财务稳定。通过规制使企业筹集到一定的内部资金(利润剩余和折旧)和外部资金来确保资本成本(股息、利息等)，进行适当的投资。因此，促进企业财务稳定成为自然垄断产业规制的目标之一。

2.6 政府规制的手段

2.6.1 价格规制

在市场失灵的自发调节领域之外，特别是自然垄断领域，政府规制将成为必要的手段。政府规制模拟市场的机制是指利用企业的利润动机来提高生产、销售的效率，以矫正和改善市场机制的内在问题为目的的政府干预经济主体活动的行为；用模拟市场的方法来处理市场失灵的问题可以沿着两条路径来进行：一条路径是通过价格机制的模拟来达到资源配置的帕累托最优；另一条路径是通过制度设计的模拟，来达到资源配置的次优的帕累托优化。

价格规制主要是指在自然垄断产业和竞争性产业中，规制者从资源有效配置和服务的公平供给观点出发，对价格（在规制产业中称为收费）水平和价格体系进行规制。价格规制与实现资源配置效率的经济政策有着直接的联系，而且也与维持原有企业的生存有直接的联系，因此它是经济性规制中最重要的项目。

价格规制包括价格水平规制和价格结构规制。在提供单一服务的产业中，价格水平是指每单位服务的价格，它是根据正常成本加合理报酬得出的总成本来计算的。在提供多项服务的产业中，价格水平是指这些服务的综合成本的水平。价格水平规制主要包括边际成本定价和偏离边际成本的定价（包括平均成本规制和拉姆齐定价）。价格结构规制涉及怎样规制单个价格，在提供单一服务的产业中，价格结构规制是指将成本结构（固定成本和可变成本）和需求结构考虑进去的各种价格的组合。在提供多项服务的产业中，价格结构规制则是指每种服务的价格水平的构成和将成本结构、需求结构都考虑进去的价格体系。价格结构规制主要包括线性定价与两部定价、高峰负荷定价、差别定价等非线性定价。

2.6.1.1 边际成本定价

边际成本定价是以提高资源的分配效率为目标的收费方式。从帕累托效率的定义可知，为在资源分配中实现帕累托效率，收费必须决定在边际成本的水准上。虽然边际成本定价是最理想的定价方式，但它会使成本递减产业产生亏损；而在成本递增的产业，在初始条件下则会产生超额利润；同时，由于以政府补贴为前提，在缺乏一次总付税的条件下，会发生扭曲性税收。在西方一些国家，法律禁止政府向企业进行补贴，因此边际成本定价不具备可行性。

由于企业得不到补贴，为保证偿付能力，只能采取偏离边际成本定价的“次优方式”，从而使盈亏至少相抵，以保证社会福利尽可能达到最大。在这种情况下出现了拉姆齐—布瓦特定价。拉姆齐—布瓦特定价（Ramsey-Boiteux Pricing）是一种对边际成本定价最优偏离（Optimal Departures from Marginal Cost Pricing）的定价方式，是受企业预算平衡约束的帕累托最优价格（也被称为次优帕累托优化）。目前，拉姆齐—布瓦特定价“作为微观分析的基本命题已经得到广泛接受”，并被广泛地应用到邮政、电信、电力、交通、供水等产业。如 1983 年美国州际委员会在制定铁路费率规制时，将拉姆齐—布瓦特定价作为必须遵循的基本原则；1994 年法国经济学家拉丰和梯若尔将其应用到法国电信业的接入定价中。但是，该定价模型在理论和实践上仍然存在一定的问题：其一，拉姆齐—布瓦特定价的信息要求限制了该规制范式的适用性。一方面，这个模型隐含了规制者要有关于需求和企业成本函数的大量信息，而实际上规制者在这两个方面的信息都比较缺乏；另一方面，该模型忽视信息不对称所带来的逆向选择和道德风险问题，因而缺乏对被规制企业的激励相容约束。由于假设成本和需求是外生的，企业没有节约成本和提高质量的动力。其二,拉姆齐—布瓦特定价原则有失公平的原则。该模型的核心在于根据产品或服务的需求弹性大小不同在边际成本的基础上进行加价:需求弹性小的产品或服务加价高,分担企业的固定成本的比例就大,福利损失相对于需求弹性大的产品或服务要大。其三,该定价策略可能引起政府的规制俘虏。根据产品或服务的需求弹性大小不同来定价,可能会招致不同的利益集团为获得较低的价格而游说规制者,从而使定价的决定因素不取决于需求弹性而有可能取决于利益集团的政治势力、甚至是对规制者的贿赂程度。

2.6.1.2 回报率规制模型

回报率规制(Rate of Return Regulation,简称ROR)曾出现在大多数国家的规制实践中。例如,在美国,在铁路等公用事业中回报率规制中曾被普遍应用;1984年AT&T分拆之前,所有的州都运用回报率规制来管理电信的州际运营。回报率规制是指规制当局允许企业利用产品或服务回收总成本,并有一个合理的资本报酬率,而不允许其获得一个超过公平回报率的利润;依此,企业可以自由地选择投入水平、产出水平和定价。资本回报率是由规制当局事先公布的,其确定依据是,用收益减去非资本投入的成本,再除以资本投入。回报率规制的定价原则允许受规制企业收回运营成本并得到一个投资的公平回报,因而曾受到企业的普遍欢迎。但缺点也很明显:首先,被管制企业缺乏节约成本的激励,因为成本的上升可以转嫁给收费;其次,由于在收费时未考虑需求方面的条件,因此收费体系的激励存在缺陷;再次,个别成本核算方法所必需的信息存在信息的非对称性,因此很难得出公正的结论;最后,规制机构是以被规制企业的合理的资本投资回报率作为定价标准的,从而不可避免地会产生以下问题:什么是合理的投资回报率?怎样确定投资回报率的资本基数?如何避免企业通过投资决策影响资本基数,从而产生低效的投资后果?在西方国家,以上缺陷被认为是自然垄断企业运营效率低下的主要原因。从这个意义上说,回报率规制不能带来资源的最优配置。

2.6.1.3 Averch—Johnson 模型

Averch—Johnson模型(简称A—J模型)说明,在回报率规制下,规制机构限定受规制企业最高的回报率,允许其利润随着资本的变化而变化,这会导致追求利润最大化的受规制企业偏好选择资本密集型技术,不在最低社会成本下生产它的产出。

传统价格规制的缺陷存在如下缺陷:

1) 企业内部无效率的产生

回报率规制(ROR)方式由于其自身不具备充分的、促进企业内部效率的激励机制,因此,它会使企业产生内部无效率问题。也就是说,ROR方式既要考虑与生产、运送、销售相关的成本,还要考虑实现与完全竞争中正常利润率相同水平的公平报酬率，以此来规定定价标准。但是，由于改动定价时的成本是以其改动前的成本为基础，考虑成本核算期内所发生的成本变化而进行的核算，所以如果改动定价之前的成本过大，虽然不是全部但是大部分成本都会作为改动定价时的成本。因此，企业往往并不积极去努力降低成本。由于企业直到下一次改动定价为止，都会取得与公平报酬相近的利润，所以，虽然ROR方式在一定程度上可以激励企业降低成本，但因在改动收费时是以实际发生的成本为基础进行成本核算的，这种机制则具有弱化激励企业降低成本的倾向。事实上，不少实证性研究都表明，在实行ROR方式的条件下被规制企业会产生内部低效。此外，可以进一步指出的是，在ROR方式的条件下，企业可通过定价基数的提高来确保较大的利润率，企业具有偏爱资本集约化的生产方式和资本集约化服务的倾向。这种规制条件下的企业内部低效问题在那些既实行价格规制又实行进入规制的部门(由于缺少竞争的刺激)往往更加显著。即使是在竞争性的被规制部门，进入规制减轻了由新加入企业带给在位企业的竞争压力，并且，在这类产业部门中规制当局在进行价格规制时往往都会助长被规制企业间的卡特尔式的协调行为，从而维持、促进了现存企业内部的无效率化。因此，规制条件下企业内部低效问题是由ROR型方式内在的问题和行政性限制竞争的问题等双重原因引起的。总之，价格规制实际上一方面是为了改善在放任自然垄断部门中企业行使垄断力和结构性竞争部门中发生过度竞争等情况下的资源配置的无效率；另一方面也会同时产生企业内部的低效问题。因此，在资源配置效率与企业内低效率之间存在着两者择一的关系。

2) 规制关联费用的增加

现行的价格规制方式(定价原则)在规制当局及被规制企业两方面都会发生较大的费用。也就是说，主管规制当局为了能够行之有效地行使规制工具，必须要收集、分析和加工有关被规制企业的财务、会计、事业计划、需求的结构和动向以及技术等方面详细的数据资料，并需要在企业和有关政府、议会之间进行调整，因此，包含了上述内容的行政方面的费用会扩大。而且，近年来由于被规制的产业部门在增加，这种行政费用有进一步扩大的趋势。

3) 规制当局的自由裁决权和寻租成本的产生

价格规制是以法规和与此相关的行政指令为基础来实施的，然而法规和政令的表述并非完全严谨、细致，所以规制当局拥有一定程度的自由裁决权，其典型代表即是行政指导。还不仅仅如此，即使在经济性规制最重要的价格规制手段中，也存在着法律和政令。例如，拉姆齐—布瓦特定价策略根据产品或服务的需求弹性大小不同来定价，可能会招致不同的利益集团为获得较低的价格而游说规制者，从而使定价的决定因素不取决于需求弹性而有可能取决于利益集团的政治势力，甚至是对规制者的贿赂程度，也就是“寻租行为”。企业的寻租行为不仅存在于定价方式的标准采用上，也在其他许多方面发生。几乎在所有被规制产业的法规中，实施进入规制的方式都由供求调整条款明文规定，但由于准确地预测未来供求趋势几乎是不可能的，所以，在使用这一条款实施加入规制中有很大的自由裁决余地。因此，在位企业便会力促规制当局限制新企业的加入，企图确保由进入规制带来的超额利润。寻租行为不仅会给被规制企业带来超额利润，而且由寻租行为所引发的成本会成为需求者的额外负担。

4）由规制滞后产生的企业损失

定价改动从申请、审查直到认可都将需要相当长的时间。我们将定价改动从申请到认可的期间称之为“规制滞后”。实际上，被规制企业在申请之前已经预先向规制当局探询了进行定价改动的可能性，若要考虑其所需要的时间，往往会进一步增加规制的时滞。此外，在审查期间，规制当局也往往改变收费水平及收费体系的决定程序，这时就需要多方面的调查了解，进一步延长规制时滞。规制时滞延长的结果会使企业的行为落后于市场环境的变化，往往使企业蒙受一定的损失。

2.6.2 制度设计

模拟市场机制的方法处理市场失灵问题，可以沿着两条路径来进行：通过价格机制和通过制度设计的模拟来达到资源配置的次优的帕累托优化。经济学的一般原理认为竞争和垄断是相互排斥的，在竞争的市场上不存在垄断，而在垄断的市场上不存在高效率的竞争。然而，在一定的制度设计的条件下，垄断和竞争是可以兼容的。特许权竞争便是这样的制度设计。

2.6.2.1 特许权竞争

特许权竞争是指，在某些特定的产业或服务业务领域，通过竞标方式，让多家企业竞争特许权，竞标采取对服务索价的形式，提出最低标价的潜在企业将被授予特许经营权。

2.6.2.2 区域间竞争

区域间竞争是将受规制的全国垄断企业分为几个地区性企业，使特定地区的企业在其他地区企业成就的刺激下提高自己内部效率的一种方式。虽然区域间竞争并不是一种新的观点，但是，李特查尔德在奉劝政府将这一制度引入到英国的自来水产业中时，对这一制度的可行性进行评价研究，引起人们从经济学的角度去讨论这一问题，并且由于这一制度在自来水产业中获得了出色的成就，政策上也受到了人们的关注。

区域间竞争并不是处在特定市场中的企业间相互直接的竞争，而是地区间垄断企业之间的间接竞争，因此也存在着竞争空间能发挥多大的作用这一问题。但是，规制当局要实施最佳的规制方法，则必须要确保获得在有效率的经营下有关成本水平和服务的信息。所以,特定企业如果取得了优秀的经营成就,规制当局就可以以此为区域的标准来指导其他企业提高其内部效率。区域间竞争具有这种监控机能。

2.6.3 激励性规制

在世界范围内看,激励性规制是规制改革运动的一部分,由私有化、自由化和放松规制组成。在英国,激励性规制伴随着主要公用事业的私有化和解放,如电信、天然气、自来水和电力。在美国,激励性规制推动了电信业规制的放松。激励性规制在意识形态界的影响不亚于它在产业界的影响,这不仅表现在权威机构对被规制企业的态度上,也表现在规制者愿意让这些企业在取得更好的绩效的条件下获取超过正常利润的利润。在政府的观点看来,技术和市场的发展对产业部门的改革是十分必要的。例如,电信产业技术的动态改变、市场集中和需求的大增长颠覆了传统的规制工具。首先,这要求在私有产权条件下的竞争的繁荣、没有进入壁垒和大范围的放松规制。在设计激励性规制之前,经济学家推崇的是边际成本定价和拉姆齐定价等最优规制。相反,激励性规制承认规制的不完整性,它不是最优规制,只是制定一个"相对合理的规制"(次优的选择)。激励性规制在英国是按技术和需求两个条件发展的,特殊的规制办法是建立在李特查尔德(Littlechild, 1989)的建议上[83],这可以追溯到鲍默尔(Baumol, 1967)[17]、苏迪特(Sudit, 1973)[112]等。

理论上,对自然垄断行业实施政府规制是完全合理的选择。但问题没有这么简单,厂商的利润最大化目标和政府的社会福利最大化目标是有冲突的,这种冲突直接导致了政府的规制政策很难达到预期的目标,有时甚至大相径庭,导致规制失灵。政府规制的效率目标在实践中的失败使人们越来越认识到,传统经济学主张的通过政府干预来避免市场失灵并不理想;将规制模拟为一种局部均衡的过程是比较接近现实的。如何使政府规制的结果与政策目标尽量一致,这是规制政策设计所要解决的根本问题。

近20年来,博弈论、信息经济学、新制度经济学等学科迅速崛起,成为经济学中富有成果的几个领域,这反映了经济学未来发展的方向。现代经济学开始注意到个人理性和集体理性的矛盾与冲突,但是解决办法不像传统经济学主张的那样通过政府干预,而是认为应设计一种机制(合约),在满足个人理性的前提下达到集体理性。值得注意的是,这些研究领域相互交叉,其交叉点就集中在不对称信息、契约和激励问题上。

激励理论是有关非对称信息下交易关系和合约安排的理论,从本质上讲,激励理论是非对称信息博弈论在经济学中的应用,它研究的是在给定信息结构的前提下,什么是最优的合约安排。其中,非对称信息是指某些参与人拥有而另一些参与人不拥有的信息。拥有私人信息的参与人称为代理人,不拥有私人信息的参与人称为委托人。一般认为,拥有信息优势的一方会利用自己对信息掌握的优势而损害处于劣势一方的利益。就政府规制问题而言,政府对公用事业(通常具有自然垄断的特征)的规制,就具有信息不对称的特征,是一个典型的委托—代理问题。自然垄断产业中的从业者对成本具有私人信息,可视为代理人,规制者可视为委托人。由于委托人的社会福利最大化目标总是与代理人的利润最大化目标存在利益冲突,又由于委托人(规制者)与代理人(被规制者)之间存在信息不对称,于是代理人在采取行动时,极有可能只对行动给自己带来的收益和成本进行比较,而不管对社会福利的损害。在这种情况下,激励理论提出,制定补偿政策可以激励代理人去选择和实施能降低成本和实现最优产出量的活动。这种补偿政策可以通过许多措施提供激励,如以产权合约为基础的企业剩余索取权(Residual Rights of Control, Grossman and Hart, 1986)[45];以特许经营权为基础的服务成本或报酬率规制(Averch and Johnson, 1962)[8];价格上限(Price Cap, Vogelsang, 2003)[123];股票期权和以业绩为基础的解雇决定等。

2.7　交通运输行业的规制研究

Oum 等(1996)对干线—支线航空运输网络(Hub-And-Spoke Network)中的航空枢纽港和支线港的最优定价进行了研究[95],指出由于枢纽港和支线港在航空运输需求上的互补性,就社会福利而言,对枢纽港和支线港进行统一定价优于将定价权下放给各航空港。在统一定价的规制模式中,为了保证航空干线运输获得充足的客源,支线港可能出现亏损的局面,对此枢纽港应给予支线港转移支付进行补贴。因此他们认为对航空港规制的放松,无论是地方化还是民营化的模式都会导致社会福利的损失。Arnott(1996)、Carnis 和 Liston(1996)、Yang 等(1998, 2002)、Yang 等(2003)对在价格和准入等各种规制政策下出租车运营服务的模型及经济后果进行了研究[5,25,133,135,136]。Zhang 和 Zhang(1997, 2003)对机场的主营业务(Aeronautical Operation)和相关服务(Concession)的最优定价进行分析[139,141],指出社会福利最优定价将使机场处于亏损的局面,而机场在预算平衡约束(Buget Constraint)下的定价将高于前者。为了在机场预算平衡的条件下达到社会福利最优,机场必须采用边际成本定价法(Marginal Cost Pricing)对其相关服务进行定价,以在相关服务中获取的利润弥补主营业务的亏损,最终达到机场预算平衡和社会福利最优的双重目标。Zhang 和 Zhang(2001)指出对机场进行严格的预算平衡约束将可能偏离规制者追求社会最优的目标[140]。通过对机场费率规制模型的分析，他们得出如下结论：从社会福利最优的目标出发，机场应在保证长期预算平衡的基础上，短期内应被允许盈利或亏损。特别对于新建的机场而言，随着其腹地经济的发展，可能会出现早期亏损而后期盈利的情况。Yang 和 Woo(2000)研究了解除规制前后公交企业的利润及社会福利情况[134]，指出规制的解除有利于增加公交企业间的竞争，从而使得公交服务频率的增加和社会福利的提升，但同时竞争可能会降低公交企业的利润。Tournut(2004)就信息不对称情况下对航空公司不同航线的定价规制进行了研究[118]。通过建立二维逆向选择模型，他得出了当代理人的类型参数服从均匀分布和成本函数为二次函数情况下航空公司各航线的规制定价公式。Quellette 等(2005)就规制模式的变化对加拿大航空企业投资带来的影响进行了分析[101]，指出航空企业的边际生产率、规模报酬和技术的改变都会对规制效果产生影响。在航空企业的边际生产率提高的前提下，规制的解除将会使航空业的投资趋于集中。Yang 等(2005)研究了在考虑交通拥堵带来外部性的情况下如何对出租车的费率进行规制[137]。在出租车通用的以距离和等待时间为基础的费率结构(Distance-based and Delay-based Taxi Fare Structure)下，他们建立了出租车的费率规制模型，并通过数值模拟的方法得到了出租车运输市场垄断经营、完全竞争和社会福利最优这三种目标下的费率规制模式。Wang 和 Yang(2005)研究了解除规制后城市公交的价格和服务质量问题[126]。通过对解除规制后公交企业博弈模型的分析，他们指出规制的解除将导致公交费率的降低和公交运输频率的增加，从而对社会福利有利。McHardy 和 Trotter(2006)对机场放松规制前后的费率进行分析[86]，指出航空公司间相互竞争给消费者带来的收益会部分地被解除规制后机场费率的上涨所抵消。当某个国家单独解除其对机场的规制措施后，该机场与国外未解除规制的机场间的竞争会导致国外机场收益，从而影响该国解除机场规制的积极性。因此他们认为各国应达成一致后再逐步解除机场的规制。Tsai 和 Chu(2006)则研究了另一种规制模式[119]，即政府通过建立国有企业与私人企业进行竞争来规制和控制垄断或寡头企业的模式在交通运输行业内的具体应用。他们研究了在停车场的所有权归政府所有，公有和私人停车管理企业共存，彼此间竞争情况下的停车费问题。他们指出，由于私人停车管理企业的经营效率较政府控制的国有企业高，因此政府应保留尽可能少的停车场，而将更多的停车场交给私人企业进行管理。Xiao 等(2007)研究在高速公路的建设、管理和征收过路费由寡头私人企业承担的情况下[132]，其费率和公路建设规模的决策对交通流量和社会福利的影响，指出与社会福利最优的目标相比，寡头私人企业间的竞争会导致较高的过路费和高速公路供给的不足。他们从社会福利最大化的角度出发，给出了政府对这些企业进行规制的方案。

在交通运输规制的实证研究方面，Florian 和 Los(1980)、Gillen(1977)、Hensher、King(2001)和 Willson(1992)运用离散选择模型对交通运输的规制政策给消费者选择运输模式带来的影响进行实证分析[42,43,47,131]。Evans(1991)对英国 1986 年解除公交规制前后的情况进行对比，指出规制解除对公交价格几乎没有影响[39]，而对公交服务质量(发车频率)有较大的提高。Veer(2002)对英国出租车运输市场规制政策的变化影响进行实证分析[122]，得出出租车运营公司通过提高发车密度阻止潜在进入者与其竞争的结论。

第3章 港口产业的相关研究综述

3.1 港口定价

随着港口的快速发展，港口定价的问题也日益受到人们瞩目。Bennathan 和 Walters(1979)将港口定价的方法归结为两种[19]：第一种方法是将港口视为基础设施，港口定价的目标是为了促进地区经济增长；另一种方法是将港口视为经济实体，以利润最大化为目标，至少是收支平衡。Thomas 和 Douglas(1979)认为有三种方法形成了港口定价策略[18]：第一种是纯粹的经济学方法，以边际成本分析为基础；第二种方法是财政金融方法，以技术经济分析方法为基础，认为港口收费等于固定成本加上变动成本，再加上资本回报；第三种方法认为港口是公共品，港口定价要满足本地、周边地区甚至全国的经济发展需要。Petteren 和 Malow(2000)又将现有的港口定价原则分为五类[98]：①边际成本定价；②成本回收定价；③港口拥挤定价；④战略定价；⑤商业港口定价(多用于私有港口)。由于各国的政治体制不同，港口管理的体制也不相同，而20世纪70年代兴起的港口私有化进程又进一步加剧了这种差异，港口的主体更加趋于多元化。不同的港口主体造成了不同的港口发展目标和经营方法，从而造成了不同的港口定价策略。表3-1表示不同主体对港口定价的可能目标。

表 3-1 港口定价主体与定价目标

港口定价主体	可能的目标
政府	有效地管理港口资产，社会福利最大化
港口管理机构	产出最大化 价值增值最大化 收入最大化
经济学家	社会福利损失最小化
用户	价格能有效反映服务成本 收费透明度

资料来源：文献[18,98]。

就港口的具体定价而言，Bennathan 和 Walters(1979)讨论了港口利润最大化目标与追求社会福利最大化目标下的港口定价方式[19]。当按港口利润最大化定价时，港口定价为港口边际成本的 2/3 加上港口服务需求为零时港口价格的 1/3；当按社会福利最大化定价时，港口定价 $NP = PP - \frac{1}{R} \cdot \frac{p_s}{\varepsilon}$，其中 PP 为港口利润最大化定价，R 为航运公司的边际收益，p_s 为航运公司的费率，ε 为航运的需求弹性。此外他们还讨论了港口定价中实行多部定价的具体形式。Jansson 和 Shneerson (1988)就港口定价问题进行了全面的讨论[195]。他们首先指出港口定价有"服务费用定价原则"(按照港口经营的边际成本定价，追求港口利润的最大化)和"服务价值定价原则"(按照使用港口服务的客户的承受能力定价，追求社会福利的最大化)。其次他们讨论了港口定价可以采用的两种方法：投入产出定价法和排队模型定价法。前者按照港口对各种服务的投入要素的成本定价；而后者则认为最佳港口定价应等于船舶到港引起的预期排队时间费用，可以表示为平均船舶时间价值 v、每天预期到港的船舶数 λ 和平均排队时间 q 对于 λ 的导数的乘积。他们还运用阿姆斯特丹、鹿特丹以及美国一些港口的数据对其模型进行了实证分析。Talley (1994)运用合作博弈的方法对港口定价进行了研究[114]。他指出在其他文献中所述及的边际成本定价方法存在两大问题：①与基础设施建设中的完全成本分摊原则相矛盾；②确定港口生产的边际成本困难。他参照合作博弈中的 Aumann-Shapley 定价机制，在兼顾公平与效率的基础上提出了港口的"成本公理定价法"(Cost Axiomatic Approach)。Dowd 和 Fleming(1994)对美国和加拿大港口的定价进行了实证研究[37]，分析了影响港口定价的诸多内部和外部因素。Jose 和 Sergio (1999)运用价格歧视理论，对集装箱港口的堆场分配和港口定价问题进行了研究[54]。在总结出影响港口定价的三个基本要素：货物的物流机会成本、码头装卸成本和库场堆存成本的基础上，他们得出了在社会福利最大化、港口利润最大化和次优定价三种目标下集装箱港口的统一定价和差别定价公式。Bergantino 和 Coppejans(2000)运用 Smuelson 公式，对经营多种货物装卸的港口定价问题进行了研究[20]。他们指出：由于港口设施具有公共物品的特性，因此港口定价的基本原则是港口基础设施成本在不同用户之间的合理分担。他们考虑在用户的真实偏好已知(对用户的效用函数具有完全信息)的前提下，一个经营散货和杂货运输港口的定价方案。由于考虑了货主的偏好，同前人提出的定价方案相比，他们方案下的货主得到的效用最大。但他们未考虑信息不对称(即货主有可能隐瞒自己的偏好信息)的情况。Meersman 等(2003)对欧洲港口的定价进行了实证研究[87]，得出如下结论：①港口的边际成本由四部分组成：基础设施成本、装卸的时间成本、港口的服务成本、港口由于事故和污染等造成的外部成本；②不同港口的价格需求弹性有一定的差别，但总体来说，港口的需求对价格不敏感；③港口定价应遵循“用户支付原则”，采用完全成本分摊法。

在现有的诸多关于港口定价的文献中，主要存在如下不足：①未考虑港口定价相关各方之间的信息不对称现象对港口定价造成的影响。港口经营者对港口服务使用者货主或运输公司的效用偏好并不完全知晓，政府对港口经营者的生产效率和生产成本也不完全了解。而信息不对称将会在一定程度上扭曲港口服务的定价准则，产生与信息完备条件下完全不同的结果。②将港口服务等同于一般的产品，认为港口的价格仅包括港口的各种服务费用，未考虑运输产品价格的特殊性，即运输产品的价格应该是包括服务费用和用户等待过程的时间成本的广义价格。港口价格会对港口服务需求造成影响，而港口的服务需求又会影响用户等待装卸过程的时间成本，进而影响到港口服务的广义价格，因此港口服务的定价规则较一般产品复杂。③未考虑港口定价、港口投资和港口经营差异化三者之间的相互作用对港口定价策略的影响。港口之间的竞争可以通过定价来进行，同时也可采用改变投资或经营的差异化程度来实现，而这三种博弈策略之间会形成复杂的相互制约和影响的关系，因此对港口的定价应结合港口投资和差异化竞争策略进行综合研究。

3.2 港口投资

张申(1996)对基于知识库和事例库的港口投资决策支持系统进行研究[197]。施欣(1998a)对港口的市场结构与竞争策略进行分析[172]，指出港口之间是寡头垄断的竞争关系，投资和价格是港口竞争的主要策略。黎继子等(2000)运用遗传算法和 BP 神经网络对港口投资进行辅助决策研究[163]。施欣(2001b)对港口双寡头竞争投资策略的使用及其后果进行了研究[177]。他分析了双寡头同时行动和某寡头具有先动优势两种情况下的港口投资竞争的结果，指出了由于信息不完全、地方的财政支持、考虑投资回报的时间价值和长远投资等原因会使港口的先动优势丧失。王志征和朱维鹏(2005)运用蒙特卡洛法对港口投资项目的风险进行衡量[184]。张娟(2005)运用资产定价模型和蒙特卡洛法对港口投资风险进行分析[196]。舒洪峰(2006)从中国经济发展、中国港口吞吐能力、港口物流体系、海铁联运、地方港口建设这五个方面就当前中国港口投资潜在的风险进行分析[178]。黄迪(2006)对当前外资在我国沿海和长江干线枢纽港的投资趋势进行分析[155]。朱朝阳(2006)对我国沿海主要港口投资多元化的现状进行实证研究[202]。Meerman 等(2006)对比利时的港口体制及港口投资状况进行实证分析[88]。Meuniar 和 Quinet(2007)运用委托代理理论对包括港口在内的交通基础设施的投资进行研究[90]。

在现有的诸多关于港口投资的文献中，主要存在如下不足：①未考虑港口投资相关各方之间的信息不对称现象对港口投资造成的影响。②未考虑港口定价、港口投资和港口经营差异化三者之间的相互作用对港口投资策略的影响。③未对具体的港口投资方向及其效果进行分类研究。港口投资的范围很广，包括机械设备、仓库堆场、信息系统、泊位建设、船舶进港航道的整治等，已有文献将港口对上述方面的投资效果看成是无差别的，笼统地将港口投资视为一个整体来研究。但泊位和仓库堆场的建设在港口投资中所占的比重最大，对港口竞争力的影响也最大，而港口其他方面的投资，包括机械设备、信息系统等则主要对港口差异化程度方面产生影响。因此对上述两大类港口投资及其效果应分开研究。

3.3 港口的差异化竞争

港口的差异化竞争主要集中于两方面，其一为港口依托其良好的基础设施条件开展港口物流服务，其二为由于不同航线对于港口的选择所带来的差异化服务。

3.3.1 港口物流

Klink 等(1998)对鹿特丹和意大利北部的港口作实证研究[58]，指出发展以多式联运为基础的港口物流是现代港口竞争的发展趋势之一。黄清藤等(2002)运用方差分析(ANOVA)对影响台湾港口物流发展的因素做了研究[158]，指出港口间的竞争压力、航运公司的服务需求、口岸的通关效率和地区的政策法规为四项主要的影响因素。吕锦山和方正荣(2002)运用结构方程模型(SEM)对高雄港发展国际物流中心的竞争优势进行研究[167]，指出影响港口开展物流活动的主要因素为通关效率、物流相关法规和税收优惠政策。而高雄港在地理位置、经营资本和港口管理水平等方面具有较大的竞争优势。Lee 等(2003)在总结了港口物流同一般的制造业物流区别的基础上，运用港口模拟软件 ARENA 4 对釜山港的物流活动进行模拟研究[80]，通过对装卸时间、到港船舶数量和泊位利用率的比较，他们得出港口与客户组成供应链合作关系可以提高港口效率的结论。Carbone 和 Martino(2003)对 Port La Havre 在 Renault 的汽车供应链中所进行的港口物流活动进行了实证研究[26]。通过对港口物流服务的使用者进行问卷调查，他们得出如下结论：①港口物流服务的内容包括针对汽车零部件和成品汽车的采购运输、库存管理和分拨配送三个方面；②港口在供应链中的作用不仅仅是为货物的运输提供基础设施，更重要的是与使用港口服务的客户保持长期、稳定的合作关系，为满足供应链中不同成员的需求提供增值服务。Howard 等(2004)运用离散时间仿真模型 PORTSIM5 对港口的物流活动作模拟分析[49]。

3.3.2 港口选择

关于港口选择大多在航线规划和运输系统规划的文献中。Ronen(1986)运用整数规划(IP)和启发式算法考虑了干散货运输航线的规划和挂靠港口的选择问题[104]。Bremer 和 Perakis(1992)、Brown 等(1987)、Perakis 和 Bremer(1992)运用 SP 法(Set Participation)考虑从中东向欧洲及北美地区石油运输路线的安排及挂靠港口的选择问题[23,24,90]。Powell 和 Perakis(1997)运用整数规划(IP)考虑了集装箱运输航线的规划和挂靠港口的选择问题[100],他们模型的目标为最小化船队营运成本和船舶闲置成本,约束条件为满足既定的服务频率,船舶运量的限制。通过对模型的结果和实际情况的比较,显示出他们的模型可较好地节约船公司的成本。Bausch 等(1998)运用 SP 法考虑在各港口、工厂、配送中心和客户之间运输五种成品石油的路线安排及挂靠港口的选择问题[18]。Mourao 等(2001)运用整数规划(IP)考虑了班轮公司在制定航线时对枢纽港和支线港的选择问题[92]。他们模型的目标函数为整个运输系统成本的最小化,包括干线运输成本、支线运输成本和干支线中转时在港口发生的货物存储成本。约束条件为相应的枢纽港和支线港经济腹地的运输需求。Zeng 和 Yang(2002)运用动态规划(DP)的方法对中国沿海的主要集装箱枢纽港进行了分层定位的研究[138],他们模型的目标是集装箱运输成本、集装箱港口装卸成本和集装箱运输时间成本的总和最小。他们得出的结论是:青岛、上海、香港(深圳)为中国沿海的三大国际集装箱枢纽港,而大连、天津、武汉、厦门、海口为相应各经济腹地的地区性枢纽港。

上述文献的比较如表 3-2 所示。

表 3-2 港口选择文献的比较

文 献	规 划 目 标	货 种	方 法
Ronen(1986)	整个运输系统成本的最小化	干散货	IP、启发式算法
Brown 等(1987)	整个运输系统成本的最小化	原油	SP
Perakis 和 Bremer(1992)	整个运输系统成本的最小化	原油	SP
Bremer 和 Perakis(1992)	整个运输系统成本的最小化	原油	SP
Powell 和 Perakis(1997)	整个运输系统成本的最小化	集装箱	IP
Bausch 等(1998)	整个物流系统成本的最小化	石油制品	SP
Mourao 等(2001)	整个运输系统成本的最小化	件杂货	IP
Zeng 和 Zhao(2002)	集装箱运输成本、集装箱港口装卸成本和集装箱运输时间成本的总和最小	集装箱	DP

3.3.3　其他港口竞争文献

施欣(1998b)对港口的合作博弈与非合作博弈进行了比较[173]，指出合作博弈时港口的获利程度至少不劣于非合作时。施欣(1998c)对港口的静态、动态和合作博弈进行了比较[174]，构建了以价格竞争为主的港口竞争博弈模型，并用数字仿真方法得出了其 Nash-Cournot 均衡结果，反映了港口企业服务质量与价格竞争状况之间的关系。施欣(2000)就差异化和非差异化情况下政府对港口市场结构的管制作了分析[175]，指出由于港口产业的特殊性，政府有必要对港口市场的结构进行管制，管制的措施主要有价格管制和运量优化分配等。Wang 和 Slack(2000)对香港和珠江三角洲主要的集装箱港口间的竞争作了实证研究[125]，分析了香港作为东亚地区枢纽港地位的优势逐渐减少的原因，指出珠三角港口的低价竞争策略以及中国的对外开放政策的加强、运输的全球化和标准化、多式联运发展等因素对港口竞争的影响，分析了班轮公司和政府的政策对港口竞争的重要作用。Tsamboulas 等(2000)运用定量分析方法，以时间、成本、安全为指标对港口间的竞争作综合衡量[120]。施欣(2001a)运用无限期的重复博弈方法对港口合作条件进行了研究[176]，指出市场集中度的降低、信息不完全程度和成本非对称性的提高、市场供给过度以及市场需求的低迷均会给港口合作带来损害。此外，他构建了一个不完全信息条件下的秘密削价动态博弈模型。通过数字仿真得出在不完全信息条件下，市场需求波动幅度和收益的时间价值越大、市场需求越旺盛，港口合作就越稳固的结论。Luo(2002)利用仿真方法研究了新建港口对原有港口的竞争态势及经济腹地的重新划分的影响[84]。Nir 等(2003)运用广义 Logit 模型(NML)对台湾地区高雄、基隆和台中三个港口的差异化服务做了研究[93]，就各港口的集疏运时间、装卸成本、航线覆盖面和航班密度这四个因素对港口竞争力的影响作显著性分析，指出前两者对港口的竞争力有显著的影响，与托运人对港口的选择意愿呈负相关。Song(2003)运用合作竞争(co-opetition)的博弈思想对港口间的竞争进行研究[111]，指出港口可以通过相互投资或泊位互租的形式进行合作，同时通过经营不同的航线进行差异化竞争，并以此对香港和深圳的盐田、蛇口和赤湾港之间的竞争作了实证研究。周慧等(2004)以 Hotelling 线性城市模型为基础构建了港口双寡头两阶段博弈模型[201]，其中第一阶段双方进行服务质量的博弈，第二阶段在双方服务质量给定的情况下进行价格博弈。他们得出如下结论：均衡情况下提供较高服务质量的港口能索取更高的价格，且两港之间的价格差与它们的服务质量之差成正比；提供较高服务质量的港口能获得更大的利润，且两港之间的利润差与它们的服务质量之差成正比，其利润是两港服务质量之差的增函数，差异越大，获利越多；服务质量较低的港口获得的利润是两港服务质量之差的减函数，差异越大，获利越少。

在现有的诸多关于港口差异化竞争的文献中,主要存在如下不足:①未考虑港口竞争相关各方之间的信息不对称现象对港口经营差异化造成的影响。②未考虑港口定价、港口投资和港口经营差异化三者之间的相互作用对港口经营差异化策略的影响。

3.4 上述研究的评述

综合上述讨论可见,在现有的相关研究中,主要存在如下两方面的不足:

(1) 对政府直接规制和政府设立公有企业与私有企业竞争这两种规制模式的比较较少,没有对影响规制模式选择的诸多因素进行系统的分析。两种规制模式具有各自的特点和适用条件,诸如规制企业产品的价格弹性、成本、规模、替代品的多少、政府对受规制企业的关注程度等因素都会对规制模式的选择产生影响。本书则在政府的目标为最大化社会总福利这一前提条件下,系统地分析了各种相关因素对我国港口规制模式的影响,并对两种规制模式的效果进行比较,指出了各种规制模式的适用情况。

(2) 由于交通运输行业的特殊性,特别是对于投资巨大和具有社会公益性的港口产业,一般企业的规制理论并不完全适合。而在交通运输行业的规制研究中,又很少考虑到规制者(政府)同被规制企业之间存在的信息不对称现象对规制效果的影响。因此,本书运用委托代理理论和动态博弈方法,就政府与受规制的港口间信息不对称的现象对规制造成的后果进行分析,指出了在信息不对称情况下港口规制的准则。

第4章　港口费率规制

4.1　模型建立

港口的需求函数为线性形式：

$$D = D_0 - ap \tag{4.1}$$

其中 D 为港口服务的需求量；D_0 为需求函数中表示市场规模的参数，D_0 越大，表示市场规模越大；a 为反映港口服务需求量对价格的敏感程度的参数，a 越大表示港口服务需求量对价格的敏感程度越高；p 为广义价格（Oum，Zhang 和 Zhang，1996；Zhang 和 Zhang，1997，2001，2003）[95,139,140,141]，可由下式表示：

$$p = f + \frac{tD}{S} \tag{4.2}$$

从表达式(4.2)可见，广义价格 p 由两部分构成：一是港口各种服务费用的总和 f，包括装卸费、拖轮使用费、引航费、港口使用费等，本书简称为费率；另一部分为用户等待装卸过程的时间成本，表示为$\frac{tD}{S}$，其中 t 为装卸过程时间成本的参数，S 为港口的面积。

在广义价格 p 的表达式中，t 和 S 是两个关键的参数，其中参数 t 由港口技术水平、港口经营范围、港口航线覆盖面等因素决定，故可看成港口经营差异化程度的标志。t 越大，港口技术水平较低，港口的经营范围狭窄，航线覆盖面小，故用户的选择余地较小，用户的等待成本增加，港口间的差异化程度也越低；t 越小，港口技术水平较高，港口的经营范围较宽，航线覆盖面大，故用户的选择余地也大，用户的等待成本减少，港口间的差异化程度也越高。S 为港口的码头、仓库和堆场的面积，与港口的投资密切相关。当港口投资较大时，港口的码头数量增加，仓库和堆场的面积也相应扩大，因此 S 可作为港口投资的表示。所以本书将不加区别地将 S 表示为港口面积或港口投资。

本章假定港口面积（港口投资）S 和港口经营差异化程度 t 不变，即在不考虑改变港口投资和港口经营差异化程度的前提下讨论港口费率的规制模式。至于同时考虑港口费率、港口投资和港口经营差异化程度的规制模式在第 5 和第 6 章中讨论。

港口的成本由两部分构成，一部分为营运成本，与提供的装卸服务数量，即港口服务的需求量有关，另一部分为码头的维护成本，与码头的面积有关。码头的维护成本采用二次函数的形式，因此港口经营的总成本如下：

$$c = \theta D + \tau S^2 \tag{4.3}$$

其中 θ 为装卸服务的边际成本；τ 为码头的维护成本参数。

4.2 中央规制模式

4.2.1 基本假设

在具体分析规制模式前，本章先作如下假设：

假设 4.1：中央政府缺乏港口营运成本的信息，即中央政府不知道 θ 的具体数值，只知道 θ 是一个随机变量，$\theta \in [\underline{\theta}, \overline{\theta}]$，其分布函数为 $G(\theta)$，概率密度为 $g(\theta)$；而港口经营者确切地知道自己的营运成本信息 θ。

上述假设由本书第 1 章对于港口规制模式的特点分析而得到(见表 1-6)，表明规制者中央政府拥有港口成本函数的不完全信息，因此在港口规制中存在逆向选择。对于规制者中央政府而言，必须通过适当的机制设计来诱导港口经营者如实地汇报他的成本信息，以便中央政府能有效地控制港口的经营，使其符合自己的目标。而由于信息不对称现象的存在，中央政府的规制活动是有代价的，这表现在规制的费率会存在一定程度的扭曲。

假设 4.2：θ 的分布函数和概率密度满足单调似然率条件，即$\dfrac{\mathrm{d}}{\mathrm{d}\theta}\left[\dfrac{G(\theta)}{g(\theta)}\right] \geqslant 0$。

假设 4.2 是机制设计文献所普遍采用的标准假设[148]。大多数常见的分布，如均匀分布、正态分布、对数分布、卡方分布、指数分布、Laplace 分布都满足上述条件。该假设条件的经济含义如下：港口成本用参数 θ 来刻画，$\overline{\theta} - \theta$ 可以用来表示成本改进的幅度。$G(\theta)$ 是成本至少有 $\overline{\theta} - \theta$ 改进的概率，而成本的改进大于 $\overline{\theta} - \theta$ 且小于 $\overline{\theta} - \theta + \mathrm{d}\theta$ 的概率为 $g(\theta)\mathrm{d}\theta$，$\dfrac{g(\theta)}{G(\theta)}$ 是港口成本在已有 $\overline{\theta} - \theta$ 改进的条件下，不再有进一步改进的条件概率。假设 4.2 说明当港口的成本变得更低的时候，上述条件概率是上升的，因此假设 4.2 同收益递减的内涵是一致的。

假设 4.3：中央政府的规制目标为最大化社会总福利，即消费者剩余和港口经营者利润的加权平均总和。

假设 4.3 是福利经济学文献中关于政府目标的标准假设[75-79]，本书采用了福利经济学中常见的拟线性效用函数和社会福利的功利形式来定义中央政府的规制目标，即规制者中央政府是“善意的规制者”，其目标为最大化消费者剩余和部分港口经营者的利润之和。

假设 4.4：港口经营者向中央政府上缴所有港口营运收入，再由中央政府给予港口经营者一定的转移支付。

假设 4.4 由本书第 1 章对于港口规制模式的特点分析而得到（见表 1-6），也是公共经济学中常用的假设，它的适用范围是政府采购、政府拨款的公共企业和在政府的许可下可以从国家金融机构得到低息贷款的公共企业。从第 1 章关于中央规制模式的特点分析中得知，中央规制模式下港口的收入全部上缴，再由中央政府对港口进行行政拨款或低息贷款，中央政府对港口实行“统收统支”的财务制度。

假设 4.5：港口经营者的目标为最大化利润，即所得的转移支付减去港口经营成本，其得到的利润必须大于等于他的保留利润，本书将其保留利润水平标准化为 0。

假设 4.5 使得规制者中央政府必须尊重港口经营者的“个人理性”约束或者“参与”约束。如中央政府的规制合约不能保证港口经营者获得他的最低预期利润水平，则港口经营者会放弃对港口生产的经营管理。

假设 4.6：中央政府设计规制过程，即他掌握了全部的讨价还价能力，他向港口经营者提供的规制合约为一个“要么接受，要么离开”（Take-it-or-leave-it）式的合约。

假设 4.6 也是机制设计文献所普遍采用的标准假设[148]。当我国港口处于中央规制模式下时，中央政府对于港口具有较强的控制力，因此各港口一般没有修改规制制度的权力。

4.2.2　规制过程

由于对港口的营运成本参数缺乏信息，因此中央政府采用如下的规制过程：

（1）港口经营者向中央政府汇报其成本参数信息 $\hat{\theta}$，当然他可能如实汇报 $\hat{\theta}=\theta$，他也有可能作出虚假的汇报 $\hat{\theta}\neq\theta$；

（2）中央政府根据港口经营者汇报的成本参数 $\hat{\theta}$ 制定港口费率 $f(\hat{\theta})$；

（3）港口经营者根据中央政府的所制定的费率 $f(\hat{\theta})$ 开展经营活动，并上交所有港口营运收入；

（4）中央政府根据港口经营者汇报的成本参数 $\hat{\theta}$ 给予港口经营者转移支付 $T(\hat{\theta})$。

4.2.3　规制问题

在上述规制流程下，规制者中央政府实际上面临如下的优化问题：

$$\max_{f,T} W_{CG} = E_\theta\left[\int_0^D p(x)\mathrm{d}x - T(\hat{\theta}) - \frac{tD^2}{S} + \alpha\pi\right] \quad (\text{优化问题 4-1})$$

$$\text{s. t.}\ \ \text{IC}:\pi = \arg\max_{\hat{\theta}}\{T(\hat{\theta}) - \theta D(\hat{\theta}) - \tau S^2\}$$

$$\text{PC}:\pi \geqslant 0$$

上述优化问题的目标函数中，$\int_0^D p(x)\mathrm{d}x - T(\hat{\theta}) - \frac{tD^2}{S}$ 为消费者剩余减去转移支付和装卸过程的时间成本，即消费者的净福利，π 为港口经营者的利润，α 为港口经营者的利润在中央政府目标中的相对权重，$\alpha \in [0,1]$。在约束条件中，IC(Incentive Compatibility)为激励相容条件，即港口经营者选择使自己利润最大的成本信息 $\hat{\theta}$ 汇报；PC(Participation Constraint)为个人理性条件，即港口经营者的利润必须大于或等于保留利润 0。

4.2.4 费率规制

根据显示原理(Revelation Principle)，任何规制机制都等价于诱使港口经营者显示其真实成本参数的直接显示机制，即港口经营者接受中央政府的规制过程，并如实地汇报自己的成本信息，因此本书将分析限制在直接显示机制上。

在直接显示机制下，当港口经营者汇报的成本信息 $\hat{\theta}=\theta$ 时，港口经营者的利润达到最大值，因此由优化问题 4-1 中的 IC 条件可得关于 $\hat{\theta}$ 的一阶条件和二阶条件如下：

$$\left.\frac{\partial T(\hat{\theta})}{\partial \hat{\theta}} - \theta\frac{\partial D(\hat{\theta})}{\partial \hat{\theta}}\right|_{\hat{\theta}=\theta} = 0 \tag{4.4}$$

$$\left.\frac{\partial T^2(\hat{\theta})}{\partial \hat{\theta}^2} - \theta\frac{\partial D^2(\hat{\theta})}{\partial \hat{\theta}^2}\right|_{\hat{\theta}=\theta} < 0 \tag{4.5}$$

关于 $\hat{\theta}$ 的一阶条件式(4.4)可写成：

$$\frac{\partial T(\theta)}{\partial \theta} - \theta\frac{\partial D(\theta)}{\partial \theta} = 0 \tag{4.6}$$

上式两边对 θ 求导可得：

$$\frac{\partial T^2(\theta)}{\partial \theta^2} - \frac{\partial D(\theta)}{\partial \theta} - \theta\frac{\partial D^2(\theta)}{\partial \theta^2} = 0 \tag{4.7}$$

而关于 $\hat{\theta}$ 的二阶条件式(4.5)可写成：

$$\frac{\partial T^2(\theta)}{\partial \theta^2} - \theta\frac{\partial D^2(\theta)}{\partial \theta^2} < 0 \tag{4.8}$$

由式(4.7)和式(4.8)可得：$\frac{\partial D(\theta)}{\partial \theta} < 0$，即 $D(\theta)$ 是一个减函数，因此 $D(\theta)$ 是几乎处处可微的。

由式(4.1)和式(4.2)可得：

$$p = \frac{Sf + tD_0}{S + at} \tag{4.9}$$

$$D = \frac{SD_0 - aSf}{S + at} \tag{4.10}$$

由式(4.10)可见 $f(\theta)$ 也是几乎处处可微的。因此可以使用最优控制理论来解决优化问题 4-1,具体步骤如下:

因为 $\pi(\hat{\theta}) = T(\hat{\theta}) - \theta D(\hat{\theta}) - \tau S^2 \mid_{\hat{\theta}=\theta}$ 为港口经营者利润的最大值,所以对于激励相容条件 IC,由包络定理得:

$$\frac{\partial \pi}{\partial \theta} = -D(\hat{\theta}) \mid_{\hat{\theta}=\theta} = -D(\theta) \tag{4.11}$$

同时由激励相容条件 IC 可得:

$$T(\hat{\theta}) = \theta D(\hat{\theta}) + \tau S^2 + \pi \tag{4.12}$$

将式(4.11)和式(4.12)代入优化问题 4-1,可将优化问题 4-1 转换为如下的最优控制问题:

$$\max_f \int_{\underline{\theta}}^{\bar{\theta}} \left[\int_0^D p(x)\mathrm{d}x - (1-\alpha)\pi - \theta D - \tau S^2 - \frac{tD^2}{S} \right] g(\theta)\mathrm{d}\theta$$

$$\text{S. t.} \quad \frac{\partial \pi}{\partial \theta} = -D(\theta)$$

$$\pi \geqslant 0$$

在上述最优控制问题中,f 为控制变量,π 为状态变量,建立 Hamilton 函数如下:

$$H = \left\{ \int_0^D p(x)\mathrm{d}x - (1-\alpha)\pi - \theta D - \tau S^2 - \frac{tD^2}{S} \right\} g + \lambda(-D)$$

其中 λ 为协变量。

Hamilton 函数的一阶条件为

$$\frac{\partial H}{\partial f} = \left(\frac{\partial \int_0^D p(x)dx}{\partial f} - \theta \frac{\partial D}{\partial f} - \frac{2tD}{S}\frac{\partial D}{\partial f} \right) g - \lambda \frac{\partial D}{\partial f} = 0 \tag{4.13}$$

$$\frac{\partial H}{\partial \pi} = -(1-\alpha)g = -\frac{d\lambda}{d\theta} \tag{4.14}$$

由式(4.10)可得

$$\frac{\partial D}{\partial f} = \frac{-aS}{S + at} \tag{4.15}$$

$$\frac{\partial \int_0^D p(x)\mathrm{d}x}{\partial f} = p\frac{\partial D}{\partial f} \tag{4.16}$$

由式(4.14)可得:

$$\lambda = \int_{\underline{\theta}}^{\theta} (1-\alpha) g(\theta) \mathrm{d}\theta = (1-\alpha) G(\theta) \tag{4.17}$$

将式(4.15)、(4.16)和式(4.17)代入式(4.13)可得化简的一阶条件如下：

$$p_{\mathrm{CG}} = \theta + (1-\alpha)\frac{G(\theta)}{g(\theta)} + \frac{2tD}{S} \tag{4.18}$$

式(4.18)为中央规制模式下港口服务的广义价格公式，其经济含义是中央规制模式下港口的广义价格等于装卸服务的边际成本 θ 加上等待装卸过程的边际时间成本$\frac{2tD}{S}$，再加上港口经营者的信息租金$\frac{(1-\alpha)G(\theta)}{g(\theta)}$。为了避免高效率（装卸服务的边际成本 θ 较低）的港口经营者用谎报其成本信息 $\hat{\theta}$ 来模仿低效率的港口经营者，中央政府不得不牺牲一些信息租金，从而在一定程度上扭曲了港口的广义价格，使其高于边际成本。因此规制者中央政府面临在扭曲价格和维护规制效率之间的权衡。

将式(4.18)代入式(4.9)可得中央规制模式下的费率公式。

结论 4.1：中央规制模式下港口的费率

$$f_{\mathrm{CG}} = \frac{\left[\theta + \frac{(1-\alpha)G(\theta)}{g(\theta)}\right](S+at) + tD_0}{S+2at} \tag{4.19}$$

4.2.5 港口费率的敏感性分析

为了分析各种因素对规制效果的作用，本章着重考察装卸服务的边际成本 θ、港口经营差异化程度 t、港口经营者利润在中央政府目标中的相对权重 α、港口服务需求对价格的敏感程度 a 和港口面积 S 对港口费率的影响。

由式(4.19)可得：

$$\frac{\partial f_{\mathrm{CG}}}{\partial \theta} = \frac{S+at}{S+2at}\left[1 + (1-\alpha)\frac{\mathrm{d}}{\mathrm{d}\theta}\left(\frac{G(\theta)}{g(\theta)}\right)\right]$$

因为 $\alpha \in [0,1]$，$\frac{\mathrm{d}}{\mathrm{d}\theta}\left[\frac{G(\theta)}{g(\theta)}\right] \geqslant 0$，所以$\frac{\partial f_{\mathrm{CG}}}{\partial \theta} > 0$

$$\frac{\partial f_{\mathrm{CG}}}{\partial \alpha} = -\frac{(S+at)\frac{G}{g}}{S+2at} < 0$$

$$\frac{\partial f_{\mathrm{CG}}}{\partial a} = \frac{\left[\theta + (1-\alpha)\frac{G}{g}\right]\left[(1-2a^2)t - 2aS\right] - 2atD_0}{(S+2at)^2}$$

可见，当 $a \geqslant \sqrt{2}/2$ 时，$\frac{\partial f_{\mathrm{CG}}}{\partial a} < 0$。

$$\frac{\partial f_{CG}}{\partial S}=\frac{t\left\{\left[\theta+(1-\alpha)\frac{G}{g}\right]a-D_0\right\}}{(S+2at)^2}$$

因为 $p_{CG}>\theta+(1-\alpha)\frac{G}{g}$，$D_{CG}=D_0-ap_{CG}$，所以$\left[\theta+(1-\alpha)\frac{G}{g}\right]a-D_0<0$，$\frac{\partial f_{CG}}{\partial S}<0$。

$$\frac{\partial f_{CG}}{\partial t}=\frac{S\left\{D_0-\left[\theta+(1-\alpha)\frac{G}{g}\right]a\right\}}{(S+2at)^2}$$

因为 $p_{CG}>\theta+(1-\alpha)\frac{G}{g}$，$D_{CG}=D_0-ap_{CG}$，所以 $D_0-\left[\theta+(1-\alpha)\frac{G}{g}\right]a>0$，$\frac{\partial f_{CG}}{\partial t}>0$。

总结上述分析可得如下结论。

结论 4.2:中央规制模式下，随着装卸服务边际成本的上升，港口费率也相应上升；而随着港口经营差异化程度的提高、港口经营者利润在中央政府目标中的相对权重、港口需求对价格的敏感程度和港口面积的增加，港口费率将相应下降。

4.2.6　各参数变化对港口经营及社会福利的影响

现在分析上述各因素变动对港口需求 D_{CG}、中央政府对港口经营者的转移支付 T_{CG}、港口经营者的利润 π_{CG}以及社会总福利 W_{CG}的影响。

由于问题的复杂性，T_{CG}、π_{CG}和 W_{CG}的解析表达式无法获得。因此本书采用数值模拟的方式来分析上述问题。基本参数假定如下：

$a=3$，$t=10$，$S=100$，$D_0=800$，$\tau=0.5876$，$\alpha=0.5$，θ 服从 64～72 的均匀分布，即 $\theta\sim U(64,72)$。在此基础上每次通过变动其中的一个参数来考察其对港口经营及社会福利的影响。

(1) 港口经营者边际成本 θ 同港口费率 f_{CG}之间的关系如图 4-1 所示，而港口经营者边际成本 θ 的变化给港口经营及社会福利带来的变动如表 4-1 所示。

表 4-1　θ 的变化对 D_{CG}、T_{CG}、π_{CG}和 W_{CG}的影响

θ	D_{CG}	T_{CG}	π_{CG}	W_{CG}
64	380.00	34 586	4 390	30 436
65	377.19	34 244	3 851	30 326

（续表）

θ	D_{CG}	T_{CG}	π_{CG}	W_{CG}
66	374.38	33 894	3 309	30 219
67	371.56	33 536	2 765	30 115
68	368.75	33 169	2 218	30 013
69	365.94	32 793	1 667	29 915
70	363.13	32 409	1 114	29 819
71	360.31	32 017	559	29 726
72	357.50	31 616	0	29 639

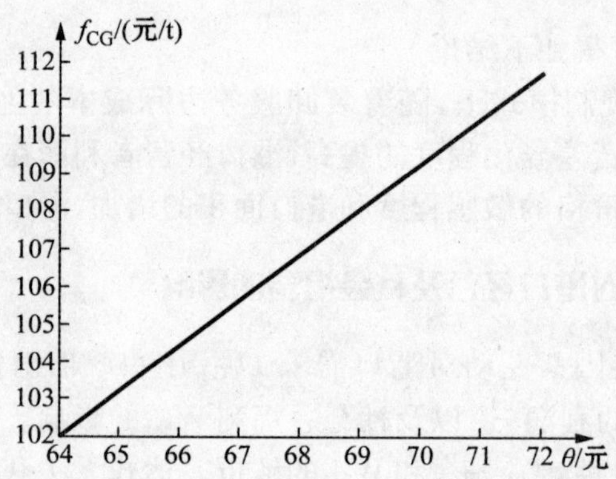

图 4-1　港口经营者不同边际成本下的港口费率

由图 4-1 和表 4-1 可得如下结论。

结论 4.3:中央规制模式下，随着港口经营者边际成本的增加，港口服务需求、中央政府对港口的转移支付、港口经营者的利润和社会总福利均呈下降趋势。

从上述结论可见，为了保证港口经营者的参与约束(PC)，政府不得不提高低效率港口经营者(边际成本较高)的服务费率，从而导致港口服务需求和社会总福利的下降。为了鼓励港口经营者提高效率，政府给予低效率港口经营者的转移支付随其边际成本的增加而越来越少，导致其利润也逐渐降低。

(2) 当 $\theta=70$ 时，港口经营者利润在中央政府目标中的相对权重 α 的变化给港口经营及社会福利带来的变动如表 4-2 所示。

表 4-2 α 的变化对 D_{CG}、f_{CG}、T_{CG}、π_{CG} 和 W_{CG} 的影响

α	D_{CG}	f_{CG}	T_{CG}	π_{CG}	W_{CG}
0	357.50	111.75	32134	1233	29118
0.1	358.63	111.26	32189	1209	29269
0.2	359.75	110.78	32244	1185	29415
0.3	360.88	110.29	32299	1162	29555
0.4	362.00	109.80	32354	1138	29689
0.5	363.13	109.31	32409	1114	29819
0.6	364.25	108.83	32464	1091	29943
0.7	365.38	108.34	32519	1067	30061
0.8	366.50	107.85	32575	1044	30174
0.9	367.63	107.36	32630	1020	30282
1	368.75	106.88	32685	996	30384

由表 4-2 可得如下结论。

结论 4.4:中央规制模式下,随着中央政府对港口经营者关注程度的增加,港口服务需求、中央政府对港口的转移支付、社会总福利均呈上升趋势,但港口经营者的利润呈下降趋势。

(3) 当 $\theta=70$ 时,港口需求对价格的敏感程度 a 的变化给港口经营及社会福利带来的变动如表 4-3 所示。

表 4-3 a 的变化对 D_{CG}、f_{CG}、T_{CG}、π_{CG} 和 W_{CG} 的影响

a	D_{CG}	f_{CG}	T_{CG}	π_{CG}	W_{CG}
1	605.83	133.58	49669	1384	215470
2	467.41	119.71	39806	1230	71290
3	363.13	109.31	32409	1114	29819
4	282.22	101.22	26656	1024	12380
5	217.50	94.75	22054	953	3760
6	164.55	89.45	18288	894	−870
7	120.42	85.04	15150	845	−3450
8	83.08	81.31	12494	803	−4910
9	51.07	78.11	10218	768	−5700
10	23.33	75.33	8246	737	−6090

由表 4-3 可得如下结论。

结论 4.5:中央规制模式下,随着港口服务需求对价格的敏感程度的增加,港口服务需求、中央政府对港口的转移支付、港口经营者的利润和社会总福利均呈下降趋势。

(4) 当 $\theta=70$ 时,港口面积 S 的变化给港口经营及社会福利带来的变动如表 4-4所示。

表 4-4　S 的变化对 D_{CG}、f_{CG}、T_{CG}、π_{CG} 和 W_{CG} 的影响

S	D_{CG}	f_{CG}	T_{CG}	π_{CG}	W_{CG}
80	332.00	114.50	28019	1019	28875
90	348.60	111.73	30231	1070	29507
100	363.13	109.31	32409	1114	29819
110	375.94	107.18	34580	1154	29845
120	387.33	105.28	36763	1189	29613
130	397.53	103.58	38977	1220	29146
140	406.70	102.05	41234	1248	28461
150	415.00	100.67	43545	1274	27573
160	422.55	99.41	45917	1297	26493
170	429.43	98.26	48360	1318	25231

由表 4-4 可得如下结论。

结论 4.6:中央规制模式下,随着港口面积的增加,港口服务需求、中央政府对港口的转移支付、港口经营者的利润呈上升趋势,但社会总福利呈先上升后下降的趋势。

(5) 当 $\theta=70$ 时,港口经营差异化程度 t 的变化给港口经营及社会福利带来的变动如表 4-5 所示。

表 4-5　t 的变化对 D_{CG}、f_{CG}、T_{CG}、π_{CG} 和 W_{CG} 的影响

t	D_{CG}	f_{CG}	T_{CG}	π_{CG}	W_{CG}
5	446.92	95.35	38532	1372	38056
6	427.21	98.63	37091	1311	36118
7	409.15	101.64	35772	1256	34343
8	392.57	104.41	34560	1205	32713

（续表）

t	D_{CG}	f_{CG}	T_{CG}	π_{CG}	W_{CG}
9	377.27	106.95	33443	1158	31209
10	363.13	109.31	32409	1114	29819
11	350.00	111.50	31450	1074	28529
12	337.79	113.53	30558	1037	27328
13	326.40	115.43	29726	1002	26209
14	315.76	117.21	28948	969	25163

由表 4-5 可得如下结论。

结论 4.7:中央规制模式下，随着港口差异化程度的降低，港口服务需求、中央政府对港口的转移支付、港口经营者的利润、社会总福利均呈下降趋势。

4.3　地方规制模式

4.3.1　基本假设

在地方规制模式中，4.2 节中的假设 4.3 和假设 4.5 依然成立，其余假设不成立。

此外，地方规制模式中还有如下假设：

假设 4.7:地方政府参与港口的建设和竞争，因此知道港口的成本参数。

假设 4.7 由本书第 1 章对于港口规制模式的特点分析而得到（见表 1-6），表明此时的规制者地方政府对港口的经营成本具有相当的了解，因此从信息效率的角度来看，地方规制应该优于中央规制。但由于港口中部分码头的经营由营运效率较低的政府来经营，因而从整体效率的角度来看，地方规制则未必优于中央规制，所以在本书第 3，4，5 章各章的最后一节中将对各种情况下上述两种规制模式的效果进行比较分析。

假设 4.8:货主码头的经营管理比公用码头更有效，即货主码头的边际营运成本低于公用码头。

关于货主码头和公用码头经营效率的比较问题，已有一些文献作过此类实证研究（Tongzon，2001；Cullinane 等，2002；Turner 等，2004）[34,117,121]。这些研究均表明，货主码头的经营管理比公用码头更有效，而这与经济学中关于国有企业与民营企业的效率比较的结论是一致的。

4.3.2 规制过程

地方规制过程可以总结为如下的三阶段动态博弈：

(1) 地方政府规定公用码头面积和出租给货主的码头面积，所有公用码头和货主码头由地方政府负责维护，而货主码头经营者向地方政府交纳码头租赁费；

(2) 地方政府和货主码头经营者进行同时行动的双寡头费率博弈；

(3) 用户在公用码头和货主码头之间进行选择。

4.3.3 公用、货主码头费率规制

运用逆向归纳法来解决上述地方政府同货主之间的三阶段动态博弈。首先考虑用户的决策问题，当用户使用公用码头和货主码头的广义价格相等时，港口市场处于均衡状态，即 $p_1=p_2$，有：

$$f_1+\frac{t_1D_1}{S_1}=f_2+\frac{t_2D_2}{S_2}$$

运用式(4.1)有：

$$D_1+D_2=D_0-a\left(f_1+\frac{t_1D_1}{S_1}\right) \tag{4.20}$$

$$D_1+D_2=D_0-a\left(f_2+\frac{t_2D_2}{S_2}\right) \tag{4.21}$$

由式(4.20)和式(4.21)可得港口市场处于均衡状态下公用码头和货主码头的服务需求：

$$D_1=\frac{S_1S_2(f_2-f_1)+D_0t_2S_1-at_2f_1S_1}{t_1S_2+t_2S_1+at_1t_2} \tag{4.22}$$

$$D_2=\frac{S_1S_2(f_1-f_2)+D_0t_1S_2-at_1f_2S_2}{t_1S_2+t_2S_1+at_1t_2} \tag{4.23}$$

地方政府和货主码头经营者在此基础上同时选择费率进行博弈，最大化各自目标。

对于地方政府控制的公用码头，其目标为社会总福利的最大化：

$$\begin{aligned}\max_{f_1}W_{\mathrm{LG}}=&\int_0^{D_1}p(x)\mathrm{d}x-c_1-\frac{t_1D_1^2}{S_1}+\int_0^{D_2}p(x)\mathrm{d}x-\\&f_2D_2-\frac{t_2D_2^2}{S_2}+fr+\alpha(f_2D_2-c_2-fr)\end{aligned} \tag{4.24}$$

其中 $fr=\tau S_2^2$ 为货主码头的租赁费；$c_1=\theta_1D_1+\tau(S_1^2+S_2^2)$；$c_2=\theta_2D_2$。

上述优化问题的目标函数中，$\int_0^{D_1}p(x)\mathrm{d}x-c_1-\frac{t_1D_1^2}{S_1}$ 为公用码头产生的消费者剩余减去公用码头的营运成本、公用码头和货主码头的维护成本以及公用码头

产生的装卸过程时间成本的总和；$\int_0^{D_2} p(x)\mathrm{d}x - f_2 D_2 - \frac{t_2 D_2^2}{S_2}$ 为货主码头产生的消费者剩余减去货主码头营运成本和装卸过程的时间成本总和；fr 为货主码头的租赁费；$f_2 D_2 - c_2 - fr$ 为货主码头经营者的利润；α 为货主码头经营者利润在地方政府目标中的相对权重，$\alpha \in [0,1]$。

整理(4.24)可得：

$$\max_{f_1} W_{\mathrm{LG}} = \int_0^{D_1+D_2} p(x)\mathrm{d}x - c_1 - \frac{t_1 D_1^2}{S} - \alpha c_2 - \frac{t_2 D_2^2}{S} - (1-\alpha) f_2 D_2 + (1-\alpha) fr \tag{4.25}$$

对于货主码头经营者，其目标为利润的最大化：

$$\max_{f_2} \pi = f_2 D_2 - c_2 - fr \tag{4.26}$$

式(4.25)和式(4.26)的一阶条件为

$$\left(\frac{D_0}{a} - \frac{D_1 + D_2}{a}\right)\left(\frac{\partial D_1}{\partial f_1} + \frac{\partial D_2}{\partial f_1}\right) - \theta_1 \frac{\partial D_1}{\partial f_1} - \frac{2t_1 D_1}{S_1} \cdot \frac{\partial D_1}{\partial f_1} -$$

$$\alpha\theta_2 \frac{\partial D_2}{\partial f_1} - \frac{2t_2 D_2}{S_2} \cdot \frac{\partial D_2}{\partial f_1} - (1-\alpha) f_2 \frac{\partial D_2}{\partial f_1} = 0 \tag{4.27}$$

$$D_2 + f_2 \frac{\partial D_2}{\partial f_2} - \theta_2 \frac{\partial D_2}{\partial f_2} = 0 \tag{4.28}$$

式(4.27)和式(4.28)中 D_1、D_2 如式(4.22)和式(4.23)所示。

且

$$\frac{\partial D_1}{\partial f_1} = \frac{-S_1 S_2 - a t_2 S_1}{t_1 S_2 + t_2 S_1 + a t_1 t_2} \tag{4.29}$$

$$\frac{\partial D_1}{\partial f_2} = \frac{\partial D_2}{\partial f_1} = \frac{S_1 S_2}{t_1 S_2 + t_2 S_1 + a t_1 t_2} \tag{4.30}$$

$$\frac{\partial D_2}{\partial f_2} = \frac{-S_1 S_2 - a t_1 S_2}{t_1 S_2 + t_2 S_1 + a t_1 t_2} \tag{4.31}$$

将式(4.22)、(4.23)、(4.29)、(4.30)和式(4.31)代入式(4.27)和式(4.28)可得关于 f_1 和 f_2 的方程组，求解可得公用码头和货主码头的最优费率 f_{LG}^1、f_{LG}^2。

4.3.4 各参数变化对港口经营及社会福利的影响

采用数值模拟的方式来分析各参数变化对公用码头费率 f_{LG}^1、货主码头费率 f_{LG}^2、港口服务总需求 $D_{\mathrm{LG}} = D_1 + D_2$、货主码头的利润 π_{LG} 以及社会总福利 W_{LG} 的影响。

为了便于后文对两种规制模式的对比，本节采用的大部分参数同 4.2.6 节，且货主码头的边际营运成本低于公用码头。假定：

$$a = 3, t_1 = t_2 = 10, S_1 = S_2 = 50, D_0 = 800,$$

$$\tau = 0.5876, \alpha = 0.5, \theta_1 = 72, \theta_2 \in [64, 72]$$

(1) 货主码头的边际成本 θ_2 的变化给港口经营及社会福利带来的变动如表 4-6所示。

表 4-6 θ_2 的变化对 f_{LG}^1、f_{LG}^2、D_{LG}、π_{LG}和 W_{LG}的影响

θ_2	f_{LG}^1	f_{LG}^2	D_{LG}	π_{LG}	W_{LG}
64	107.91	115.72	357.35	6762	30313
65	108.06	116.26	356.55	6619	30197
66	108.21	116.82	355.73	6473	30080
67	108.36	117.36	354.94	6335	29966
68	108.51	117.91	354.13	6195	29853
69	108.66	118.46	353.32	6057	29740
70	108.81	119.00	352.53	5920	29629
71	108.96	119.55	351.72	5784	29519
72	109.11	120.00	350.91	5649	29409

由表 4-6 可得如下结论。

结论 4.8:地方规制模式下,随着货主码头边际成本的增加,公用码头和货主码头的费率均呈上升趋势,但港口服务总需求、货主码头的利润和社会总福利均呈下降趋势。

(2) θ_2=70 时,货主码头的利润在中央政府目标中的相对权重 α 的变化给港口经营及社会福利带来的变动如表 4-7 所示。

表 4-7 α 的变化对 f_{LG}^1、f_{LG}^2、D_{LG}、π_{LG}和 W_{LG}的影响

α	f_{LG}^1	f_{LG}^2	D_{LG}	π_{LG}	W_{LG}
0	99.33	116.04	366.88	5053	27120
0.1	101.14	116.61	364.13	5215	27584
0.2	102.98	117.18	361.35	5380	28067
0.3	104.88	117.77	358.48	5554	28568
0.4	106.82	118.38	355.54	5733	29088
0.5	108.81	119.00	352.53	5920	29629
0.6	110.86	119.64	349.42	6114	30191

（续表）

α	f_{LG}^1	f_{LG}^2	D_{LG}	π_{LG}	W_{LG}
0.7	112.96	120.30	346.24	6316	30775
0.8	115.11	120.97	342.98	6525	31382
0.9	117.32	121.66	339.64	6743	32014
1.0	119.60	122.37	336.19	6971	32670

由表4-7可得如下结论。

结论4.9：地方规制模式下，随着地方政府对货主码头关注程度的增加，公用码头和货主码头的费率均呈上升趋势，港口服务总需求呈下降趋势，而货主码头的利润和社会总福利均呈上升趋势。

(3) $\theta_2=70$ 时，港口需求对价格的敏感程度 a 的变化给港口经营及社会福利带来的变动如表4-8所示。

表4-8　a 的变化对 f_{LG}^1、f_{LG}^2、D_{LG}、π_{LG} 和 W_{LG} 的影响

a	f_{LG}^1	f_{LG}^2	D_{LG}	π_{LG}	W_{LG}
1	138.31	159.30	592.00	20278	207010
2	120.72	135.26	453.35	10952	68200
3	108.81	119.00	352.53	5920	29630
4	100.13	107.26	275.16	2993	13860
5	93.45	98.36	213.65	1212	6260
6	88.14	91.40	163.36	105	2260
7	83.79	85.79	121.45	−589	70
8	80.15	81.18	85.93	−1017	−1150
9	77.06	77.33	55.39	−1271	−1790
10	74.39	74.06	28.88	−1407	−2100

由表4-8可得如下结论。

结论4.10：地方规制模式下，随着港口服务需求对价格的敏感程度的增加，公用码头和货主码头的费率、港口服务总需求、货主码头的利润、社会总福利均呈下降趋势。

(4) $\theta_2=70$ 时，港口总面积（$S=S_1+S_2$，$S_1=S_2$）的变化给港口经营及社会福利带来的变动如表4-9所示。

表 4-9　S 的变化对 f_{LG}^1、f_{LG}^2、D_{LG}、π_{LG} 和 W_{LG} 的影响

S	f_{LG}^1	f_{LG}^2	D_{LG}	π_{LG}	W_{LG}
80	113.53	124.58	322.06	6643	27274
90	111.02	121.64	337.13	6397	28564
100	108.81	119.00	352.53	5920	29629
110	106.85	116.63	365.18	5483	30491
120	105.10	114.48	376.50	5006	31176
130	103.52	112.52	386.70	4495	31704
140	102.09	110.73	395.93	3952	32090
150	100.78	109.09	404.33	3379	32347
160	99.59	107.58	412.00	2780	32485
170	98.49	106.18	419.05	2153	32514

由表 4-9 可得如下结论。

结论 4.11：地方规制模式下，随着港口总面积的增加，公用码头和货主码头的费率均呈下降趋势，港口服务总需求和社会总福利呈上升趋势，而货主码头的利润在下降。

(5) $\theta_2=70$ 时，港口经营差异化程度($t=t_1=t_2$)的变化给港口经营及社会福利带来的变动如表 4-10 所示。

表 4-10　t_1 和 t_2 的变化对 f_{LG}^1、f_{LG}^2、D_{LG}、π_{LG} 和 W_{LG} 的影响

$t_1=t_2$	f_{LG}^1	f_{LG}^2	D_{LG}	π_{LG}	W_{LG}
5	95.67	102.56	437.09	4575	38623
6	98.85	106.63	416.76	4977	36433
7	101.70	110.25	398.41	5320	34469
8	104.29	113.48	381.73	5581	32698
9	106.65	116.38	366.50	5777	31092
10	108.81	119.00	352.53	5920	29629
11	110.81	121.39	339.62	6022	28290
12	112.66	123.56	327.70	6091	27059
13	114.37	125.55	316.63	6131	25925
14	115.98	127.38	306.31	6151	24875

由表 4-10 可得如下结论。

结论 4.12：地方规制模式下，随着港口差异化程度的减少，公用码头和货主码头的费率均呈上升趋势，港口服务总需求和社会总福利呈下降趋势，而货主码头的利润在增加。

4.4　规制模式的比较

为了分析中央规制模式和地方规制模式对港口经营和社会福利的影响，本章就港口经营者装卸服务边际成本、港口经营者利润在政府目标中的相对权重、港口需求对价格的敏感程度、港口面积和港口经营差异化程度这五个参数变化对两种规制模式下港口费率、港口经营者的利润、港口服务需求和社会总福利进行对比。

4.4.1　港口经营者装卸边际成本对规制模式的影响

本节单独考察当港口经营者装卸服务边际成本发生变化时，两种规制模式对港口费率、港口经营者的利润、港口服务需求和社会总福利的影响。

这里 $a=3$，$t=10$，$S=100$，$D_0=800$，$\tau=0.5876$，$\alpha=0.5$，而 θ、θ_2 在 64～72 之间变化，比较结果如图 4-2～图 4-5 所示。

从图 4-2～图 4-5 可得如下结论：

结论 4.13：比较两种规制模式可见，不管港口经营者的边际成本如何变化，地方规制下货主码头的费率始终是最高的，而港口经营者的利润始终高于中央规制时，港口的总需求和社会总福利却始终低于中央规制时；当港口经营者的边际成本较低的时候，中央规制下港口的费率较低，而当港口经营者的边际成本较高的时

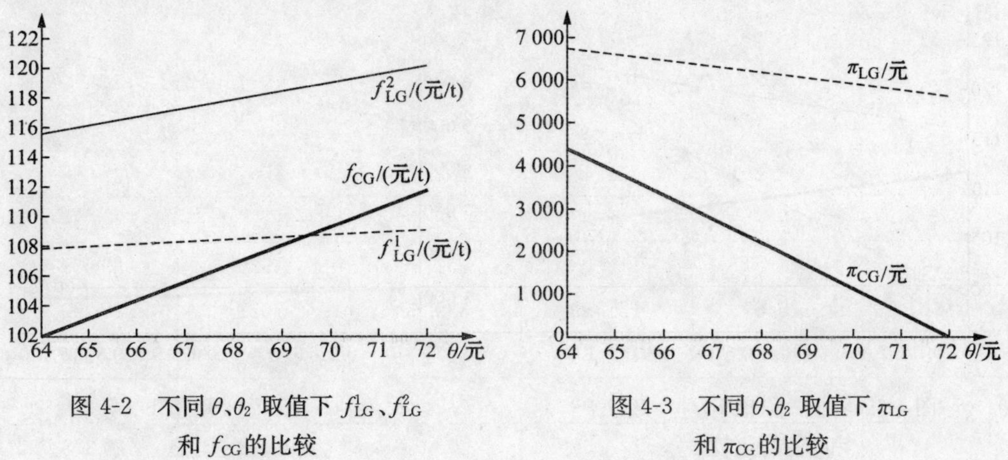

图 4-2　不同 θ、θ_2 取值下 f_{LG}^1、f_{LG}^2 和 f_{CG} 的比较

图 4-3　不同 θ、θ_2 取值下 π_{LG} 和 π_{CG} 的比较

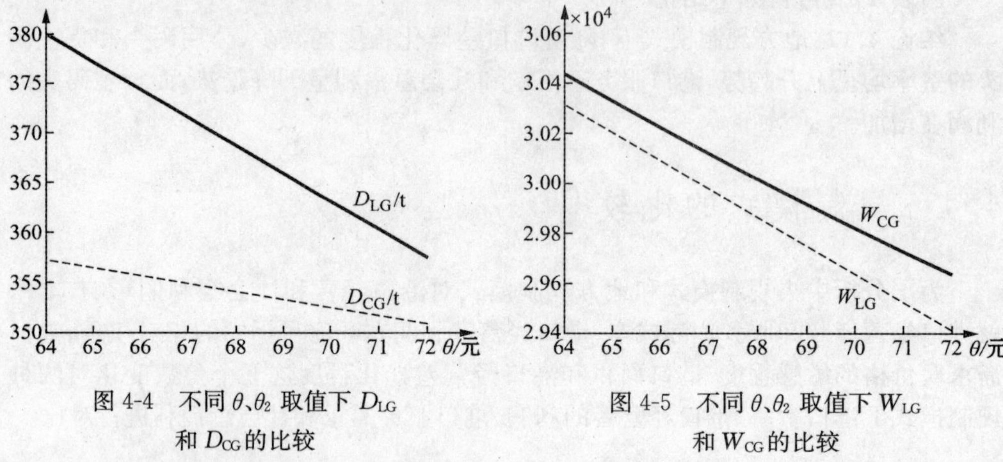

图 4-4 不同 θ、θ_2 取值下 D_{LG} 和 D_{CG} 的比较

图 4-5 不同 θ、θ_2 取值下 W_{LG} 和 W_{CG} 的比较

候，地方规制下公用码头的费率较低。

4.4.2 政府对港口经营者关注程度对规制模式的影响

本节单独考察当政府对港口经营者关注程度发生变化时，两种规制模式对港口费率、港口经营者的利润、港口服务需求和社会总福利的影响。

这里 $a=3, t=10, S=100, D_0=800, \tau=0.5876, \theta=\theta_2=70$，而 α 在 0～1 之间变化，比较结果如图 4-6～图 4-9 所示。

从图 4-6～图 4-9 可得如下结论：

结论 4.14：比较两种规制模式可见，不管政府对港口经营者关注程度如何变化，货主码头的费率始终高于公用码头的费率（不管是中央规制还是地方规制），地

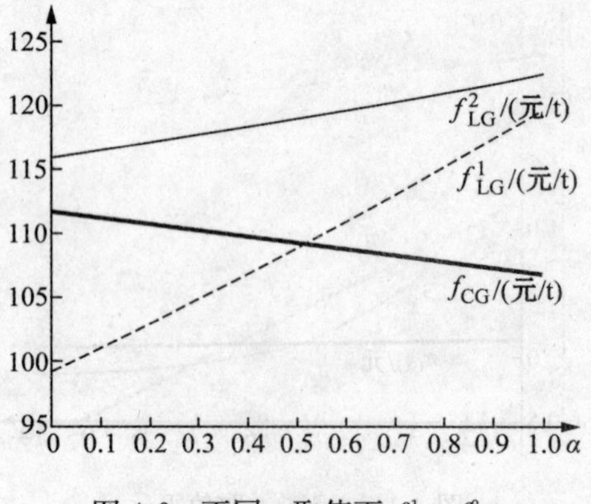

图 4-6 不同 α 取值下 f_{LG}^1、f_{LG}^2 和 f_{CG} 的比较

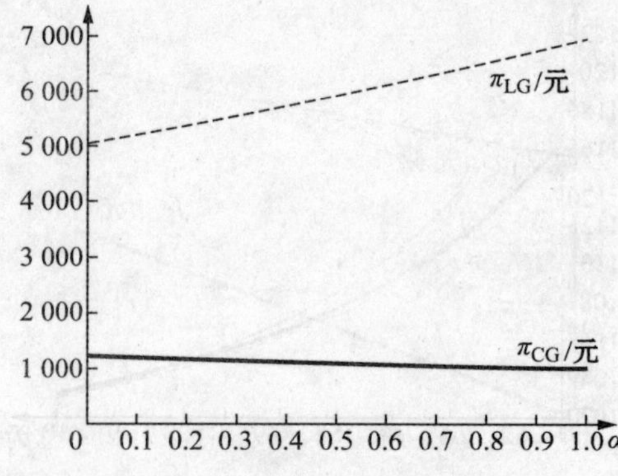

图 4-7 不同 α 取值下 π_{LG} 和 π_{CG} 的比较

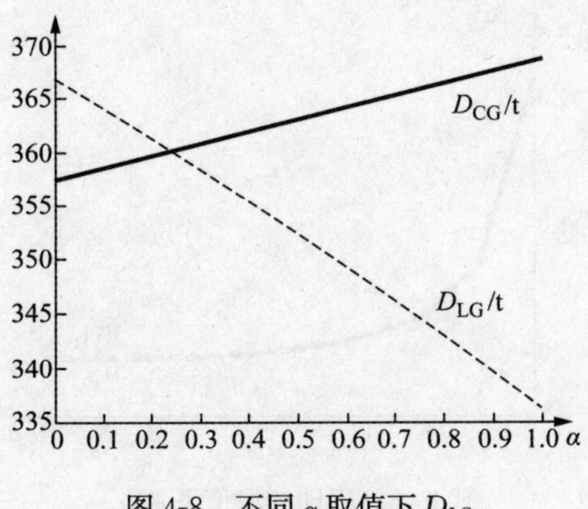

图 4-8　不同 α 取值下 D_{LG} 和 D_{CG} 的比较

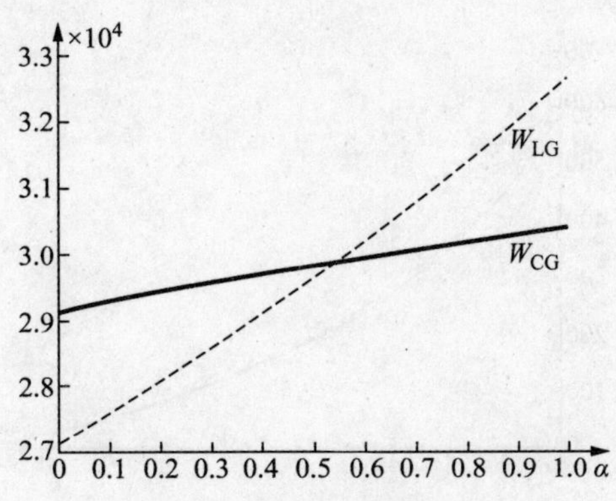

图 4-9　不同 α 取值下 W_{LG} 和 W_{CG} 的比较

方规制时港口经营者的利润始终高于中央规制时；而当政府对港口经营者关注程度较低的时候，中央规制下的码头费率较高，港口的总需求较小，社会总福利较高；当政府对港口经营者关注程度较高的时候，地方政府规制下公用码头的费率较高，港口的总需求较小，社会总福利较高。

4.4.3　港口服务需求对价格的敏感程度对规制模式的影响

本节单独考察当港口服务需求对价格的敏感程度发生变化时，两种规制模式对港口费率、港口经营者的利润、港口服务需求和社会总福利的影响。

这里 $\alpha=0.5$，$t=10$，$S=100$，$D_0=800$，$\tau=0.5876$，$\theta=\theta_2=70$，而 a 在 1～10 之间变化，比较结果如图 4-10～图 4-13 所示。

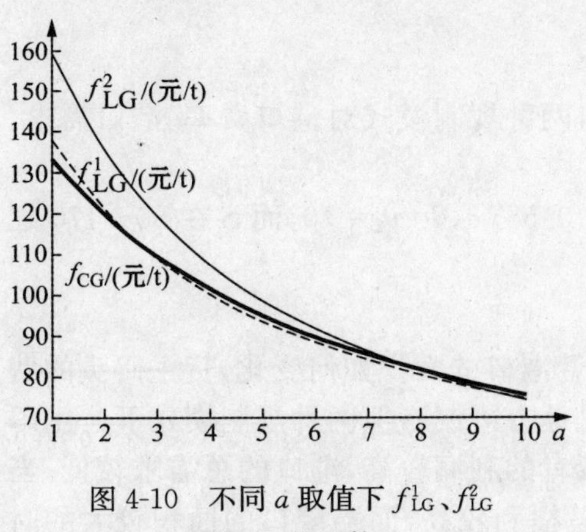

图 4-10　不同 a 取值下 f^1_{LG}、f^2_{LG} 和 f_{CG} 的比较

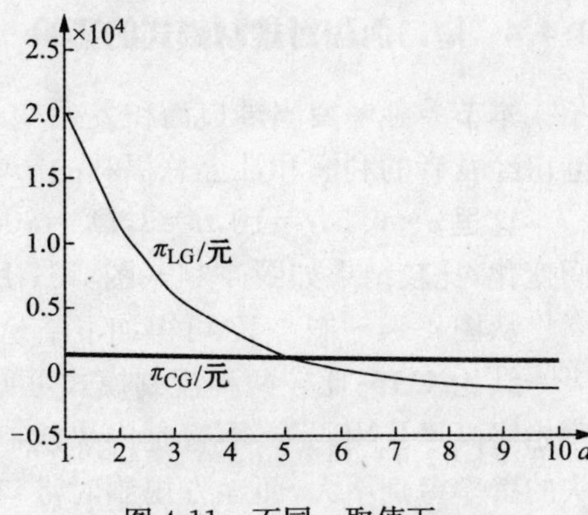

图 4-11　不同 a 取值下 π_{LG} 和 π_{CG} 的比较

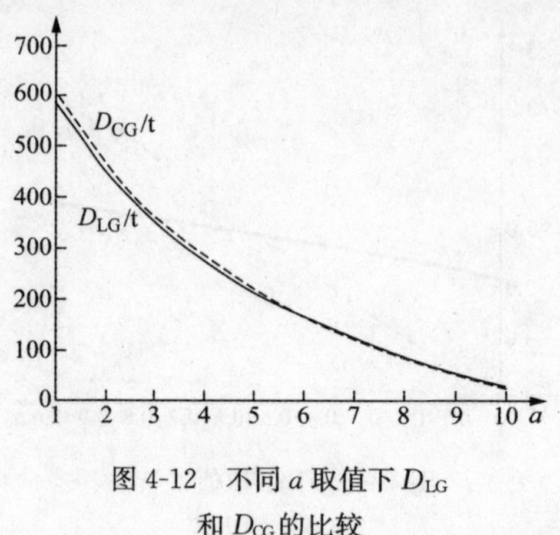

图 4-12 不同 a 取值下 D_{LG} 和 D_{CG} 的比较

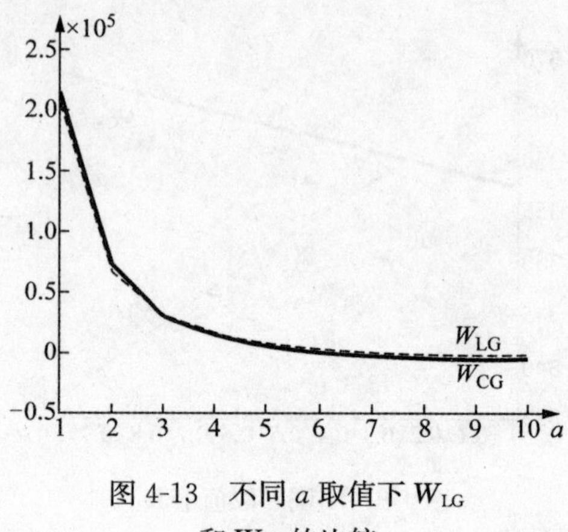

图 4-13 不同 a 取值下 W_{LG} 和 W_{CG} 的比较

从图 4-10～图 4-13 可得如下结论：

结论 4.15：比较两种规制模式可见，就港口费率而言：当港口服务需求的敏感程度较低时，地方规制下货主码头的费率最高，公用码头的费率其次，中央规制下的港口费率最低；当港口服务需求的敏感程度中等时，地方规制下货主码头的费率最高，中央规制下的港口费率其次，地方规制下公用码头的费率最低；当港口服务需求的敏感程度较高时，中央规制下的码头港口费率最高，地方规制下货主码头的费率其次，而公用码头的费率最低。对于其他方面：当港口服务需求的敏感程度较低时，地方规制下港口经营者的利润较高，中央规制下的港口总需求和社会福利较高；当港口服务需求的敏感程度较高时，中央规制下港口经营者的利润较高，而地方规制下的港口总需求和社会福利较高。

4.4.4 港口面积对规制模式的影响

本节单独考察当港口面积发生变化时，两种规制模式对港口费率、港口需求、港口经营者的利润和社会总福利的影响。

这里 $\alpha=0.5$，$t=10$，$a=3$，$D_0=800$，$\tau=0.5876$，$\theta=\theta_2=70$，而 S 在 80～170 之间变化，比较结果如图 4-14～图 4-17 所示。

从图 4-14～图 4-17 可得如下结论：

结论 4.16：比较两种规制模式可见，不管港口的面积如何变化，货主码头的费率始终高于公用码头(不管是中央规制还是地方规制)，但两种规制模式下公用码头的费率差别不大，而地方规制时港口经营者的利润较高，港口的总需求较低；当港口的面积较小的时候，中央规制下社会总福利较高，而当港口的面积较大的时候，地方规制下社会总福利较高。

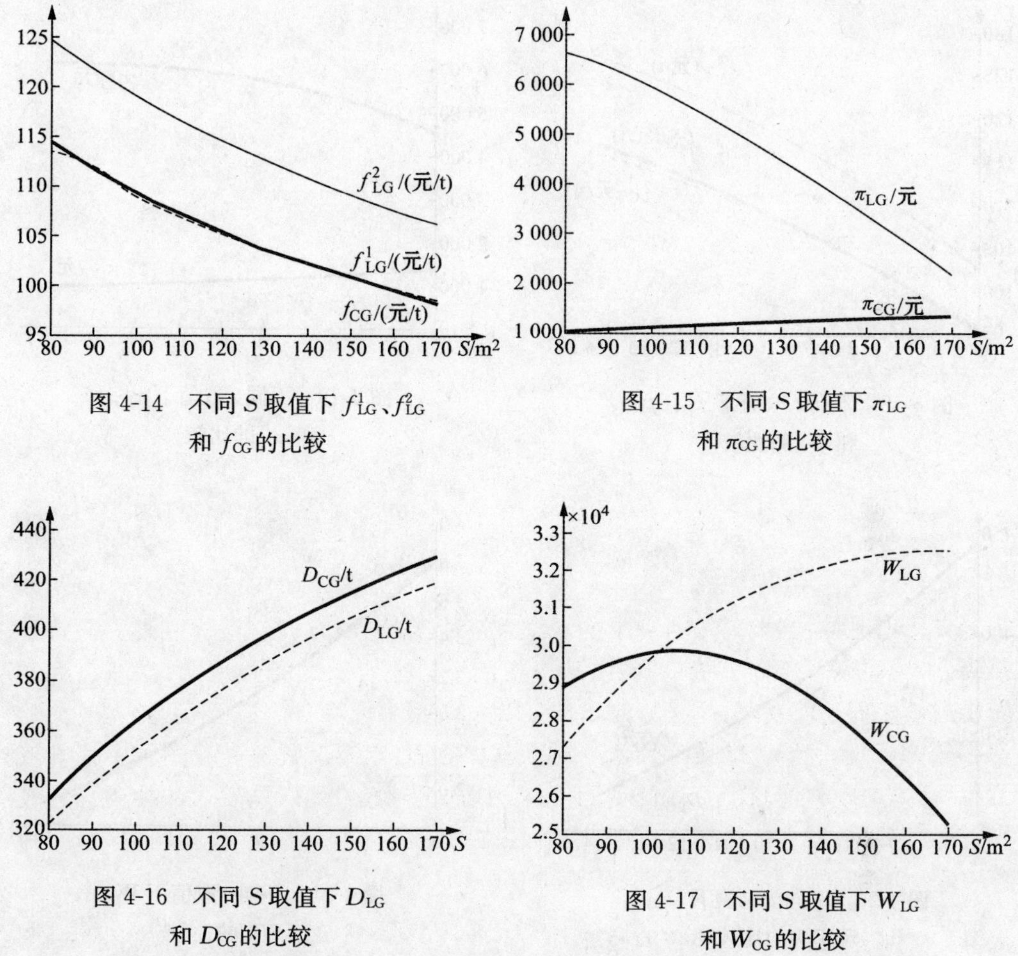

图 4-14　不同 S 取值下 f_{LG}^1、f_{LG}^2 和 f_{CG} 的比较

图 4-15　不同 S 取值下 π_{LG} 和 π_{CG} 的比较

图 4-16　不同 S 取值下 D_{LG} 和 D_{CG} 的比较

图 4-17　不同 S 取值下 W_{LG} 和 W_{CG} 的比较

4.4.5　港口经营差异化程度对规制模式的影响

本节单独考察当港口经营差异化程度发生变化时，两种规制模式对港口费率、港口需求、港口经营者的利润和社会总福利的影响。

这里 $\alpha=0.5$，$a=3$，$S=100$，$D_0=800$，$\tau=0.587\,6$，$\theta=\theta_2=70$，而 t 在 5～14 之间变化，比较结果如图 4-18～图 4-21 所示。

从图 4-18～图 4-21 可得如下结论：

结论 4.17：比较两种规制模式可见，不管港口的差异化程度如何变化，货主码头的费率始终高于公用码头（不管是中央规制还是地方规制）；地方规制下港口经营者的利润始终高于中央规制下，而港口的总需求却始终低于中央规制下；当港口

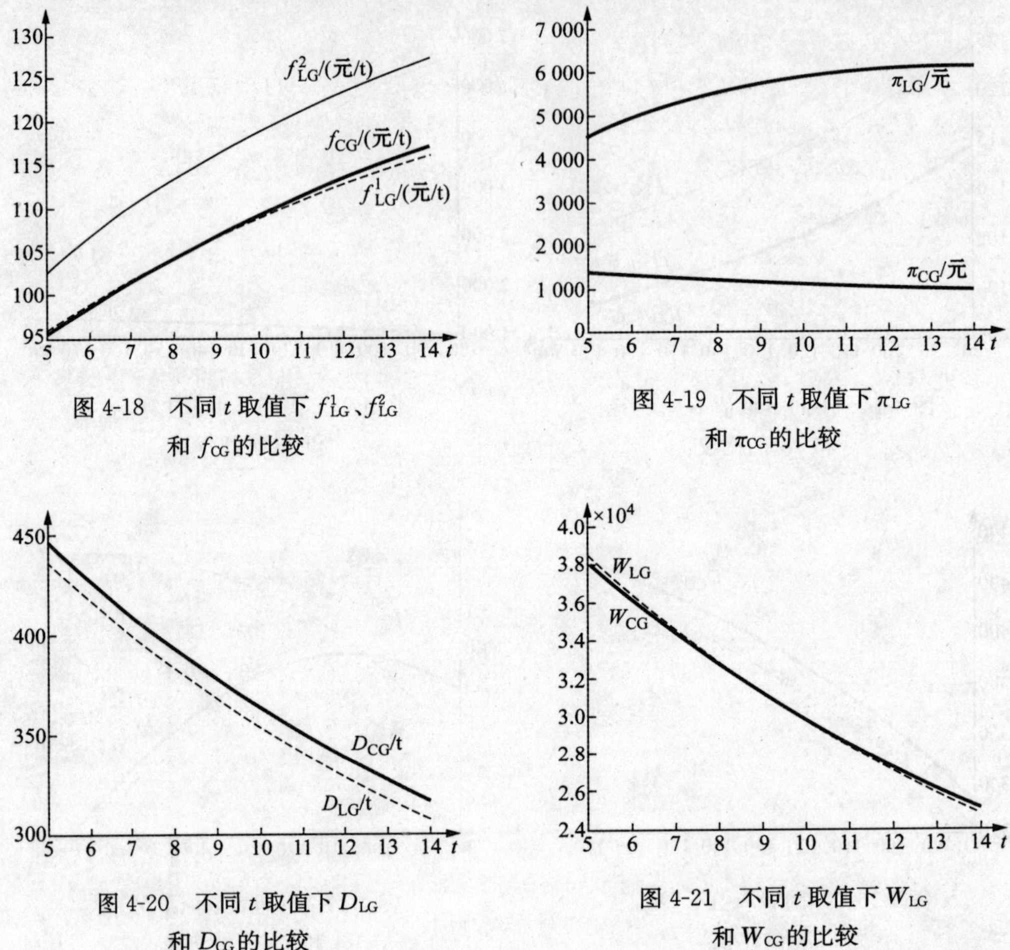

图 4-18 不同 t 取值下 f^1_{LG}、f^2_{LG} 和 f_{CG} 的比较

图 4-19 不同 t 取值下 π_{LG} 和 π_{CG} 的比较

图 4-20 不同 t 取值下 D_{LG} 和 D_{CG} 的比较

图 4-21 不同 t 取值下 W_{LG} 和 W_{CG} 的比较

的差异化程度较高的时候，地方规制下公用码头的费率较高，社会总福利也较高，而当港口的差异化程度较低的时候，中央规制下的码头费率较高，社会总福利也较高。

4.5 本章小结

本章建立了港口面积(港口投资)和经营差异化程度既定条件下的港口费率规制模型，得出了中央规制和地方规制这两种规制模式下港口费率的规制准则，在就各种因素对港口费率的影响进行敏感性分析的基础上指出：

中央规制模式下，随着装卸服务边际成本的上升，港口费率也相应上升，但港口服务需求、中央政府对港口的转移支付、港口经营者的利润和社会总福利呈下降趋势；随着港口经营者利润在中央政府目标中的相对权重的提高，港口费率和港口经营者的利润相应下降，而港口服务需求、中央政府对港口的转移支付、社会总福利均呈上升趋势；随着港口需求对价格的敏感程度的增加，港口费率、港口服务需求、中央政府对港口的转移支付、港口经营者的利润和社会总福利均呈下降趋势；随着港口面积的增加，港口费率呈下降趋势，港口服务需求、中央政府对港口的转移支付、港口经营者的利润呈上升趋势，而社会总福利呈先上升后下降的趋势；随着港口经营差异化程度的增加，港口费率呈下降趋势，而港口服务需求、中央政府对港口的转移支付、港口经营者的利润、社会总福利均呈下降趋势。

地方规制模式下，随着货主码头边际成本的增加，公用码头和货主码头的费率均呈上升趋势，但港口服务总需求、货主码头的利润和社会总福利均呈下降趋势；随着地方政府对货主码头关注程度的增加，公用码头和货主码头的费率均呈上升趋势，港口服务总需求呈下降趋势，而货主码头的利润和社会总福利均呈上升趋势；随着港口服务需求对价格的敏感程度的增加，公用码头和货主码头的费率、港口服务总需求、货主码头的利润、社会总福利均呈下降趋势；随着港口总面积的增加，公用码头和货主码头的费率均呈下降趋势，港口服务总需求和社会总福利呈上升趋势，而货主码头的利润在下降；随着港口差异化程度的增加，公用码头和货主码头的费率均呈下降趋势，港口服务总需求社会总福利呈上升趋势，而货主码头的利润在减少。

通过对港口面积和差异化程度相对不变时两种规制模式给港口经营和社会福利带来的影响进行比较得知：

(1) 多数情况下，货主码头的费率要高于公用码头费率(不管是中央规制还是地方规制)，但规制模式对公用码头的费率影响不定；

(2) 多数情况下，港口经营者偏好地方规制模式，因为在该模式下港口经营者的利润较高；

(3) 多数情况下，中央规制时港口的服务需求量较高；

(4) 规制模式对社会福利的影响不定。

第5章　港口投资规制

5.1　港口投资的表示

第4章考虑了当港口投资(港口面积)和差异化程度不变的情况下港口的费率规制,本章则对第4章的模型进行拓展,放松港口投资(港口面积)不变这个前提,讨论当港口差异化程度不变,而港口投资(港口面积)可变的情况下港口的费率和投资规制。

港口投资的范围很广,包括机械设备、仓库堆场、信息系统、泊位建设、船舶进港航道的整治等,而其中泊位和仓库堆场的建设所占比重最大,对港口竞争力的影响也最大,因此本章的港口投资主要指这方面的投资,用港口面积(包括泊位面积和仓库堆场的面积)来反映。至于其他方面的投资,主要对港口差异化程度方面产生影响,将在第6章讨论。

5.2　中央规制

5.2.1　基本假设

同时考虑费率和投资的中央规制模式遵循第4章所设定的假设4.1～假设4.6,即:

假设5.1:中央政府缺乏港口营运成本的信息,即中央政府不知道θ的具体数值,只知道θ是一个随机变量,$\theta\in[\underline{\theta},\overline{\theta}]$,其分布函数为$G(\theta)$,概率密度为$g(\theta)$;而港口经营者确切地知道自己的营运成本信息$\theta$。

假设5.2:θ的分布函数和概率密度满足单调似然率条件,即$\frac{\mathrm{d}}{\mathrm{d}\theta}\left[\frac{G(\theta)}{g(\theta)}\right]\geqslant 0$。

假设5.3:中央政府的规制目标为最大化社会总福利,即消费者剩余和港口经营者利润的加权平均总和。

假设5.4:港口经营者向中央政府上交所有港口营运收入,再由中央政府给予港口经营者一定的转移支付。

假设5.5:港口经营者的目标为最大化利润,即所得的转移支付减去港口经营成本,其得到的利润必须大于等于他的保留利润,本书将其保留利润水平标准化为 0。

假设 5.6:中央政府设计规制过程,即他掌握了全部的讨价还价能力,他向港口经营者提供的规制合约为一个"要么接受,要么离开"(Take-it-or-leave-it)式的合约。

除上述假设 5.1~假设 5.6 之外,同时考虑费率和投资的中央规制模式还有如下假设:

假设 5.7:中央政府也不知道 τ 的具体数值,只知道 τ 是一个随机变量,$\tau\in[\underline{\tau},\bar{\tau}]$,其分布函数为 $M(\tau)$,概率密度为 $m(\tau)$;而港口经营者确切地制造自己的码头维护成本信息 τ。τ 的分布函数和概率密度满足单调似然率条件,即 $\frac{\mathrm{d}}{\mathrm{d}\tau}\left[\frac{M(\tau)}{m(\tau)}\right]\geqslant 0$。$\theta$ 和 τ 相互独立。

假设 5.7 也是由本书第 1 章对于港口规制模式的特点分析而得到的(见表 1-6),表明此时规制者中央政府对港口成本函数的不完全信息程度较第 4 章时更为严重,港口规制中存在二维逆向选择现象。因此对于规制者中央政府而言,此时规制费率的扭曲程度可能会大于仅有一维信息不完全的时候。此外,假设 5.7 中关于 τ 的分布函数和概率密度满足单调似然率条件的假设也是机制设计文献所普遍采用的标准假设[148]。

5.2.2 规制过程

由于对港口经营的成本参数 θ 和 τ 均缺乏信息,因此中央政府采用如下的规制过程:

(1) 港口经营者向中央政府汇报其成本参数信息 $\hat{\theta}$、$\hat{\tau}$,当然他可能如实汇报 $\hat{\theta}=\theta,\hat{\tau}=\tau$,他也有可能作出虚假的汇报 $\hat{\theta}\neq\theta,\hat{\tau}\neq\tau$;

(2) 中央政府根据港口经营者汇报的成本参数 $\hat{\theta}$、$\hat{\tau}$ 制定港口费率 $f(\hat{\theta},\hat{\tau})$ 和港口投资(港口面积)$S(\hat{\theta},\hat{\tau})$;

(3) 港口经营者根据中央政府的费率 $f(\hat{\theta},\hat{\tau})$ 和港口投资(港口面积)$S(\hat{\theta},\hat{\tau})$ 开展经营活动,并上交所有港口营运收入;

(4) 中央政府根据港口经营者汇报的成本参数 $\hat{\theta}$、$\hat{\tau}$ 给予港口经营者转移支付 $T(\hat{\theta},\hat{\tau})$。

5.2.3 规制问题

在上述规制流程下,中央政府实际上面临如下的优化问题

$$\max_{f,S,T}U_{\mathrm{G}}=E_{\theta}E_{\tau}\left[\int_{0}^{D}p(x)\mathrm{d}x-T(\hat{\theta},\hat{\tau})-\frac{tD^{2}}{S}+\alpha\pi\right]\quad\text{(优化问题 5-1)}$$

$$\text{S. t. IC: }\pi=\arg\max_{\hat{\theta},\hat{\tau}}\{T(\hat{\theta},\hat{\tau})-\theta D(\hat{\theta},\hat{\tau})-\tau S(\hat{\theta},\hat{\tau})^{2}\}$$

$$\text{PC}: \pi \geqslant 0$$

5.2.4 费率和投资规制

优化问题 5-1 的结构和含义与优化问题 4-1 相似，只是 IC 条件中的决策变量不再是 $\hat{\theta}$ 一个，而是有 $\hat{\theta}$ 和 $\hat{\tau}$ 两个决策变量。优化问题 5-1 实际上是一个二维的逆向选择问题（Bi-dimensional Adverse Selection）。对于该问题，Armstrong 和 Rochet（1999）提供了离散情形下的二维问题的完整分析[4]。而 Laffont，Maskin 和 Rochet（1987），McAfee 和 McMillan（1988），Sibley 和 Srinagesh（1997）对一些具有特殊形式的连续情形下的二维问题作了一些分析[71,85,108]。本书采用 Basov（2001），Rochet 和 Chone（1998）提出的最优控制技术[12,103]来解决上述问题。

首先，同样根据显示原理，使用直接显示机制来分析优化问题 5-1。采用与 4.2.4节同样的方法，对于激励相容条件 IC，由包络定理得：

$$\frac{\partial \pi}{\partial \theta} = -D(\theta,\tau)$$

$$\frac{\partial \pi}{\partial \tau} = -S(\theta,\tau)^2$$

同时由 IC 可得：$T(\hat{\theta},\hat{\tau}) = \pi + \theta D(\hat{\theta},\hat{\tau}) + \tau S(\hat{\theta},\hat{\tau})^2$。

将上述三式带入优化问题 5-1，可将优化问题 5-1 可以转换为如下的最优控制问题：

$$\max_{f,S}\int_{\underline{\tau}}^{\bar{\tau}}\int_{\underline{\theta}}^{\bar{\theta}}\left[\int_0^D p(x)\mathrm{d}x - (1-\alpha)\pi - \theta D - \tau S^2 - \frac{tD^2}{S}\right]g(\theta)m(\tau)\mathrm{d}\theta\mathrm{d}\tau$$

$$\text{S. t. } \frac{\partial \pi}{\partial \theta} = -D(\theta,\tau)$$

$$\frac{\partial \pi}{\partial \tau} = -S(\theta,\tau)^2$$

$$\pi \geqslant 0$$

在上述最优控制问题中，f、S 为控制变量，π 为状态变量。

为求解上述最优控制问题，本书先给出如下引理：

引理（Rochet 和 Chone，1998；Basov，2001）：

系统状态方程满足 $\nabla \boldsymbol{x}(t) = f[\boldsymbol{x}(t), \boldsymbol{u}(t), \boldsymbol{t}]$，其中 $\boldsymbol{x}$、$\boldsymbol{u}$、$\boldsymbol{t}$ 均为向量。使得性能指标达到最大值，即

$$\max_u \int L[\boldsymbol{x}(t), \boldsymbol{u}(t), \boldsymbol{t}]\mathrm{d}t$$

以实现最优控制的必要条件是：

$$\frac{\partial H}{\partial u} = 0$$

$$\frac{\partial H}{\partial x}+\mathrm{div}\boldsymbol{\lambda}=0$$

其中 $H(\boldsymbol{x},\boldsymbol{u},\boldsymbol{t},\boldsymbol{\lambda})=L(\boldsymbol{x},\boldsymbol{u},\boldsymbol{t})+\boldsymbol{\lambda}^{\mathrm{T}}f(\boldsymbol{x},\boldsymbol{u},\boldsymbol{t})$ 为 Hamilton 函数；$\boldsymbol{\lambda}$ 为协态向量；$\mathrm{div}\boldsymbol{\lambda}$ 表示向量 $\boldsymbol{\lambda}$ 的散度(Divergence)，$\mathrm{div}\boldsymbol{\lambda}=\sum\frac{\partial\lambda_i(t)}{\partial t_i}$。

上述引理的证明见 Rochet 和 Chone(1998)以及 Basov(2001)[12,103]。

根据上述引理可令

$$L=\left[\int_0^D p(x)\mathrm{d}x-(1-\alpha)\pi-\theta D-\tau S^2-\frac{tD^2}{S}\right]gm$$

$$f=[-D(\theta,\tau),-S(\theta,\tau)^2],$$

并建立 Hamilton 函数如下：

$$H=\left[\int_0^D p(x)\mathrm{d}x-(1-\alpha)\pi-\theta D-\tau S^2-\frac{tD^2}{S}\right]gm+\lambda_1(-D)+\lambda_2(-S^2)$$

其中 λ_1 和 λ_2 分别为 θ 和 τ 的协变量。

Hamilton 函数的一阶条件为

$$\frac{\partial H}{\partial f}=\left(\frac{\partial\int_0^D p(x)\mathrm{d}x}{\partial f}-\theta\frac{\partial D}{\partial f}-\frac{2tD}{S}\frac{\partial D}{\partial f}\right)gm-\lambda_1\frac{\partial D}{\partial f}=0 \tag{5.1}$$

$$\frac{\partial H}{\partial S}=\left[\frac{\partial\int_0^D p(x)\mathrm{d}x}{\partial S}-\theta\frac{\partial D}{\partial S}-2\tau S-t\left(\frac{2D\frac{\partial D}{\partial S}}{S}-\frac{D^2}{S^2}\right)\right]gm-\lambda_1\frac{\partial D}{\partial S}-\lambda_2(2S)=0 \tag{5.2}$$

$$\frac{\partial H}{\partial\pi}=-(1-\alpha)gm=-\frac{\mathrm{d}\lambda_1}{\mathrm{d}\theta}-\frac{\mathrm{d}\lambda_2}{\mathrm{d}\tau} \tag{5.3}$$

由式(4.10)可得

$$\frac{\partial D}{\partial S}=\frac{at(D_0-af)}{(S+at)^2} \tag{5.4}$$

而

$$\frac{\partial\int_0^D p(x)\mathrm{d}x}{\partial S}=p\frac{\partial D}{\partial S} \tag{5.5}$$

将式(4.15)和式(4.16)代入式(5.1)可得

$$\left(p-\theta-\frac{2tD}{S}\right)gm=\lambda_1 \tag{5.6}$$

由式(5.2)、(5.4)、(5.5)和式(5.6)可得

$$\left(\frac{tD^2}{2S^3}-\tau\right)gm=\lambda_2 \tag{5.7}$$

由式(5.3)可得

$$\lambda_1 = \frac{1}{2}(1-\alpha)Gm \tag{5.8}$$

$$\lambda_2 = \frac{1}{2}(1-\alpha)gM \tag{5.9}$$

将式(4.9)、(4.10)、(5.8)和式(5.9)代入式(5.6)和式(5.7)可得化简的一阶条件如下：

$$(S+2at)f - tD_0 = (S+at)\left[\frac{1}{2}(1-\alpha)\frac{G(\theta)}{g(\theta)}+\theta\right] \tag{5.10}$$

$$t(D_0 - af)^2 = 2S(S+at)^2\left[\frac{1}{2}(1-\alpha)\frac{M(\tau)}{m(\tau)}+\tau\right] \tag{5.11}$$

解由式(5.10)和式(5.11)构成的关于 f 和 S 的方程组可得中央规制下港口费率 f_{CG2} 和港口投资(港口面积)S_{CG2}。

5.2.5 各参数变化对港口经营及社会福利的影响

本节分析各参数变化对港口费率 f_{CG2}、港口投资(港口面积)S_{CG2}、港口服务需求 D_{CG2}、港口经营者的利润 π_{CG2}、中央政府对港口经营者的转移支付 T_{CG2}，以及社会总福利 W_{CG2} 的影响。

由于非线性方程组(5.10)、(5.11)无法求得解析解，本节采用数值模拟的方式来分析上述问题。为了便于比较，各基本参数同第 4 章。假定：

$a=3, t=10, D_0=800, \alpha=0.5$，$\theta$ 服从 64～72 的均匀分布，即 $\theta \sim U(64,72)$，τ 服从 0.2～1 的均匀分布，即 $\tau \sim U(0.2,1)$。

(1) 港口经营者的成本参数(θ,τ)同港口费率 f_{CG2} 和港口投资(港口面积)S_{CG2} 之间的关系如图 5-1 和图 5-2 所示。

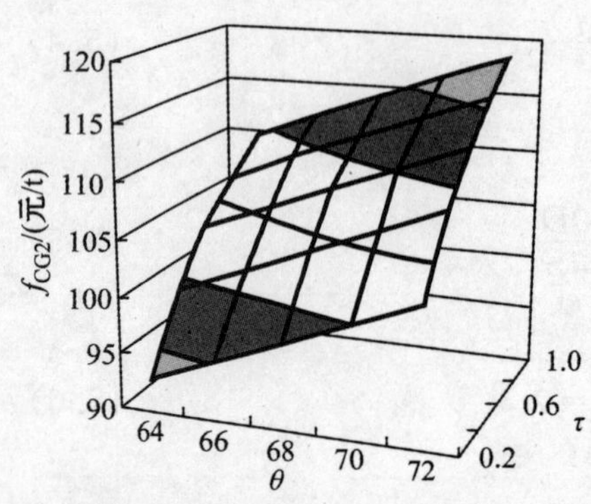

图 5-1 不同 θ 和 τ 下的港口费率 f_{CG2}

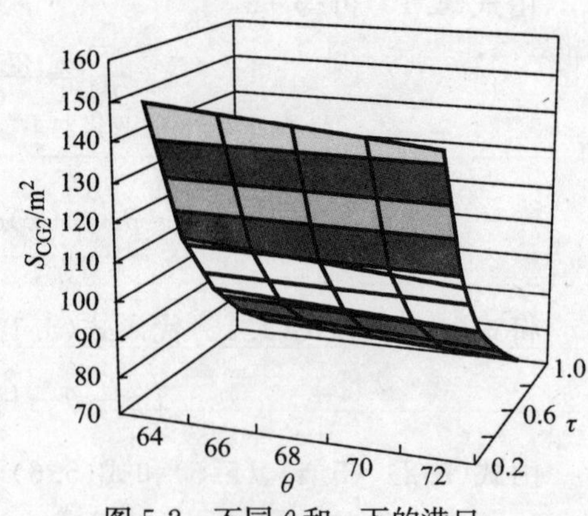

图 5-2 不同 θ 和 τ 下的港口投资(面积)S_{CG2}

由图 5-1 和图 5-2 可得如下结论。

结论 5.1：中央规制下，随着港口经营者边际装卸成本或码头维护成本的增加，港口费率呈上升趋势。

结论 5.2：中央规制下，随着港口经营者边际装卸成本或码头维护成本的增加，港口投资呈下降趋势。

(2) 考虑投资和不考虑投资时中央规制下港口费率的比较。

为分析中央规制模式下，同时考虑投资和费率规制给港口费率带来的影响，本书对考虑投资和不考虑投资时中央规制下的港口费率进行了比较，如图 5-3 所示。为使两者具有可比性，图中的 f_{CG} 为中央规制下不考虑投资时的港口费率，而 f_{CG2} 是当港口经营者的码头维护成本参数 $\tau=0.5876$（与 4.2.6 节数值模拟中的取值相同）时的中央规制下考虑投资时的港口费率。

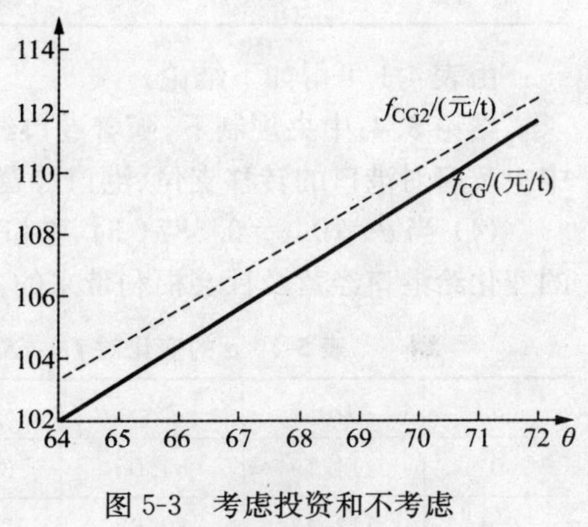

图 5-3 考虑投资和不考虑投资时的港口费率比较

由图 5-3 可得如下结论。

结论 5.3：中央规制下，考虑港口投资时的港口费率高于不考虑港口投资时。

导致中央规制模式下，考虑港口投资时港口费率高于不考虑港口投资时港口费率的原因主要是对于规制者中央政府而言，新增了一维缺乏信息的变量即码头维护成本参数 τ，信息不对称的程度加深，导致费率扭曲的加重。

(3) 港口经营者的边际装卸成本 θ 的变化给港口经营及社会福利带来的变动如表 5-1 所示。

表 5-1 θ 的变化对 D_{CG2}、T_{CG2}、π_{CG2} 和 W_{CG2} 的影响

θ	D_{CG2}	T_{CG2}	π_{CG2}	W_{CG2}
64	372.07	33151	4078	30403
65	368.97	32753	3569	30264
66	365.88	32352	3059	30128
67	362.79	31943	2549	29994
68	359.70	31528	2039	29862

（续表）

θ	D_{CG2}	T_{CG2}	π_{CG2}	W_{CG2}
69	356.62	31108	1529	29733
70	353.54	30682	1020	29606
71	350.47	30250	510	29482
72	347.40	29814	0	29360

由表 4-1 可得如下结论。

结论 5.4：中央规制下，随着港口经营者边际装卸成本的增加，港口服务需求、中央政府对港口的转移支付、港口经营者的利润和社会总福利均呈下降趋势。

（4）当 $\theta=70$，$\tau=0.5876$ 时，港口经营者利润在中央政府目标中的相对权重 α 的变化给港口经营及社会福利带来的变动如表 5-2 所示。

表 5-2　α 的变化对 f_{CG2}、S_{CG2}、D_{CG2}、T_{CG2}、π_{CG2} 和 W_{CG2} 的影响

α	f_{CG2}	S_{CG2}	D_{CG2}	T_{CG2}	π_{CG2}	W_{CG2}
0	114.19	81.05	333.85	28254	1025	28445
0.1	113.43	82.88	337.54	28687	1023	28690
0.2	112.65	84.81	341.33	29141	1022	28929
0.3	111.84	86.88	345.26	29625	1021	29163
0.4	111.01	89.08	349.32	30135	1020	29389
0.5	110.16	91.45	353.54	30682	1020	29606
0.6	109.28	94.00	357.93	31266	1019	29812
0.7	108.37	96.76	362.51	31896	1019	30003
0.8	107.42	99.76	367.29	32577	1019	30176
0.9	106.43	103.04	372.31	33319	1018	30325
1.0	105.40	106.65	377.58	34134	1018	30445

由表 5-2 可得如下结论。

结论 5.5：中央规制下，随着政府对港口经营者关注程度的增加，港口投资、港口服务需求、中央政府对港口的转移支付、社会总福利呈上升趋势，但港口费率和港口经营者的利润呈下降趋势。

（5）当 $\theta=70$，$\tau=0.5876$ 时，港口服务需求对价格的敏感程度 a 的变化给港口经营及社会福利带来的变动如表 5-3 所示。

表 5-3　a 的变化对 f_{CG2}、S_{CG2}、D_{CG2}、T_{CG2}、π_{CG2} 和 W_{CG2} 的影响

a	f_{CG2}	S_{CG2}	D_{CG2}	T_{CG2}	π_{CG2}	W_{CG2}
1	118.48	135.06	634.54	56 555	1 419	220 650
2	114.46	112.93	485.16	42 680	1 225	72 310
3	110.16	91.45	353.54	30 682	1 020	29 610
4	105.55	70.95	241.59	20 677	808	12 520
5	100.63	51.92	151.23	12 767	597	5 040
6	95.43	35.04	83.85	6 992	402	1 800
7	90.09	21.14	39.29	3 250	237	520
8	84.84	10.89	14.53	1 204	117	100
9	79.99	4.41	3.74	318	45	4
10	75.73	1.09	0.46	43	10	0

由表 5-3 可得如下结论。

结论 5.6：中央规制下，随着港口服务需求对价格的敏感程度的增加，港口费率、港口投资、港口服务需求、中央政府对港口的转移支付、港口经营者的利润、社会总福利均呈下降趋势。

(6) 当 $\theta=70$，$\tau=0.5876$ 时，港口差异化程度 t 的变化给港口经营及社会福利带来的变动如表 5-3 所示。

表 5-4　t 的变化对 f_{CG2}、S_{CG2}、D_{CG2}、T_{CG2}、π_{CG2} 和 W_{CG2} 的影响

t	f_{CG2}	S_{CG2}	D_{CG2}	T_{CG2}	π_{CG2}	W_{CG2}
5	97.49	82.65	429.57	35 323	1 239	37 930
6	100.44	85.40	411.88	34 305	1 188	35 931
7	103.14	87.52	395.64	33 336	1 141	34 130
8	105.65	89.18	380.63	32 415	1 098	32 492
9	107.98	90.46	366.64	31 530	1 057	30 091
10	110.16	91.45	353.54	30 682	1 020	29 606
11	112.21	92.20	341.23	29 865	984	28 323
12	114.15	92.74	329.61	29 077	951	27 129
13	115.98	93.12	318.62	28 317	919	26 015
14	117.72	93.36	308.20	27 584	889	24 971

由表 5-4 可得如下结论。

结论 5.7：中央规制下，随着港口差异化程度的减小，港口费率和港口投资呈上升趋势，但港口服务需求、中央政府对港口的转移支付、港口经营者的利润和社会总福利呈下降趋势。

5.3 地方规制

5.3.1 基本假设

在地方规制模式中，5.2.1 节中的假设 5.3、假设 5.5 仍然成立，还有如下假设 5.8 和假设 5.9 成立，即：

假设 5.3：地方政府的规制目标为最大化社会总福利，即消费者剩余和港口经营者利润的加权平均总和。

假设 5.5：港口经营者的目标为最大化利润，即所得的转移支付减去港口经营成本，其得到的利润必须大于等于他的保留利润，本书将其保留利润水平标准化为 0。

假设 5.8：地方政府参与港口的建设和竞争，因此知道港口的各项成本参数，包括装卸服务的边际成本 θ 和码头的维护成本参数 τ。

假设 5.9：货主码头的经营管理比公用码头更有效，即货主码头的边际营运成本低于公用码头。

5.3.2 规制过程

此时规制过程如下：

(1) 地方政府规定公用码头面积（对公用码头的投资）和出租给货主的码头面积（对货主码头的投资），所有公用码头和货主码头由地方政府负责维护，而货主码头经营者向地方政府交纳码头租赁费；

(2) 地方政府和货主码头经营者进行同时行动的双寡头博弈，其中地方政府的博弈策略为公用码头费率、公用码头的面积（对公用码头的投资）和货主码头的面积（对货主码头的投资），而货主码头经营者的博弈策略为货主码头费率；

(3) 用户在公用码头和货主码头之间进行选择。

与仅考虑费率规制时（4.3.2 节）相比，规制者地方政府必须同时考虑公用码头的费率和对公用及货主码头的投资，即除了费率之外，地方政府将公用码头和货主码头的面积作为另两个决策变量，而非事先给定的参数。

5.3.3　公用、货主码头费率和投资规制

同样首先考虑用户的决策问题，当公用码头和货主码头服务的广义价格相等时，港口市场处于均衡状态，所以式(4.20)～(4.23)在此仍然成立。然后地方政府选择公用码头费率、公用码头面积和出租给货主的码头面积，同时货主码头经营者也选择费率，地方政府和货主码头经营者最大化各自目标，他们的目标同第4章，即式(4.25)和式(4.26)。

求解地方政府和货主码头经营者面临的最优化问题，在式(4.27)和式(4.28)的基础上，再增加如下两个关于 S_1 和 S_2 的一阶条件。

式(4.25)关于 S_1 的一阶条件为

$$\left(\frac{D_0}{a}-\frac{D_1+D_2}{a}\right)\left(\frac{\partial D_1}{\partial S_1}+\frac{\partial D_2}{\partial S_1}\right)-\theta_1\frac{\partial D_1}{\partial S_1}-2\tau S_1-t_1\left(\frac{2D_1}{S_1}\frac{\partial D_1}{\partial S_1}-\frac{D_1^2}{S_1^2}\right)-$$
$$2D_2\frac{t_2}{S_1}\frac{\partial D_2}{\partial S_1}-\alpha\theta_2\frac{\partial D_2}{\partial S_1}-(1-\alpha)f_2\frac{\partial D_2}{\partial S_1}=0 \tag{5.12}$$

式(4.26)关于 S_2 的一阶条件为

$$\left(\frac{D_0}{a}-\frac{D_1+D_2}{a}\right)\left(\frac{\partial D_1}{\partial S_2}+\frac{\partial D_2}{\partial S_2}\right)-\theta_1\frac{\partial D_1}{\partial S_2}-2\tau S_2-2D_1\frac{t_1}{S_1}\frac{\partial D_1}{\partial S_2}-$$
$$t_2\left(\frac{2D_2}{S_2}\frac{\partial D_1}{\partial S_2}-\frac{D_2^2}{S_2^2}\right)-\alpha\theta_2\frac{\partial D_2}{\partial S_2}+2(1-\alpha)\tau S_2-(1-\alpha)f_2\frac{\partial D_2}{\partial S_2}=0 \tag{5.13}$$

上述式(5.12)和式(5.13)中 D_1、D_2 同样为式(4.22)和式(4.23)。

且

$$\frac{\partial D_1}{\partial S_1}=\frac{D_1}{S_1}-\frac{D_1t_2}{t_1S_2+t_2S_1+at_1t_2} \tag{5.14}$$

$$\frac{\partial D_1}{\partial S_2}=\frac{S_1(f_2-f_1)-D_1t_1}{t_1S_2+t_2S_1+at_1t_2} \tag{5.15}$$

$$\frac{\partial D_2}{\partial S_1}=\frac{S_2(f_1-f_2)-D_2t_2}{t_1S_2+t_2S_1+at_1t_2} \tag{5.16}$$

$$\frac{\partial D_2}{\partial S_2}=\frac{D_2}{S_2}-\frac{D_2t_1}{t_1S_2+t_2S_1+at_1t_2} \tag{5.17}$$

将式(5.14)、(5.15)、(5.16)、(5.17)代入式(5.12)、(5.13)，求解由式(4.27)、(4.28)、(5.12)、(5.13)组成的关于得到关于 f_1、f_2、S_1、S_2 的方程组，求解可得公用码头和货主码头的最优费率 f_{LG2}^1、f_{LG2}^2 以及公用码头的投资(公用码头的面积) S_{LG2}^1 和对货主码头的投资(出租给货主码头的面积) S_{LG2}^2。

5.3.4　各参数变化对港口经营及社会福利的影响

采用数值模拟的方式来分析各参数变化对公用码头费率 f_{LG}^1、货主码头费率

f_{LG}^2、公用码头投资(公用码头面积)S_{LG2}^1,对货主码头的投资(出租给货主码头的面积)S_{LG2}^2,港口总投资(总面积)$S_{LG2}=S_{LG2}^1+S_{LG2}^2$,港口的服务需求 $D_{LG2}=D_1+D_2$、货主码头的利润 π_{LG2} 以及社会总福利 W_{LG2} 的影响。

本节的参假定如下:

$a=3, t_1=t_2=10, D_0=800, \tau=0.5876, \alpha=0.5, \theta_1=72, \theta_2\in[64,72]$

(1) 货主码头的边际装卸成本 θ_2 的变化给港口经营及社会福利带来的变动如表 5-5 所示。

表 5-5　θ_2 的变化对 f_{LG2}^1、f_{LG2}^2、S_{LG2}^1、S_{LG2}^2、S_{LG2}、D_{LG2}、π_{LG2} 和 W_{LG2} 的影响

θ_2	f_{LG2}^1	f_{LG2}^2	S_{LG2}^1	S_{LG2}^2	S_{LG2}	D_{LG2}	π_{LG2}	W_{LG2}
64	99.96	106.32	72.73	87.34	160.07	412.90	3973	33171
65	99.97	106.64	73.54	86.06	159.60	412.42	3795	33042
66	99.99	106.96	74.35	84.77	159.12	411.88	3623	32915
67	100.02	107.28	75.16	83.47	158.63	411.34	3456	32792
68	100.04	107.61	75.96	82.16	158.12	410.24	3294	32670
69	100.07	107.94	76.76	80.84	157.60	409.69	3136	32552
70	100.11	108.28	77.55	79.51	157.06	409.12	2986	32435
71	100.14	108.63	78.34	78.16	156.50	408.54	2838	32321
72	100.18	108.98	79.12	76.81	155.93	407.97	2697	32209

由表 5-5 可得如下结论。

结论 5.8:地方规制下,随着货主码头经营成本的增加,公用码头和货主码头的费率均呈上升趋势,公用码头的投资呈上升趋势,货主码头的投资呈下降趋势,但港口的总投资呈下降趋势,此外,港口服务总需求、货主码头的利润和社会总福利均呈下降趋势。

(2) $\theta_2=70$ 时,政府对货主码头经营者关注程度 α 的变化给港口经营及社会福利带来的变动如表 5-6 所示。

表 5-6　α 的变化对 f_{LG2}^1、f_{LG2}^2、S_{LG2}^1、S_{LG2}^2、S_{LG2}、D_{LG2}、π_{LG2} 和 W_{LG2} 的影响

α	f_{LG2}^1	f_{LG2}^2	S_{LG2}^1	S_{LG2}^2	S_{LG2}	D_{LG2}	π_{LG2}	W_{LG2}
0	90.01	107.52	68.56	213.27	281.76	443.05	−17539	33531
0.1	92.04	106.68	72.08	156.74	228.82	436.56	−6118	32304
0.2	93.85	106.30	76.33	114.35	190.68	428.62	−422	32105

（续表）

a	f_{LG2}^1	f_{LG2}^2	S_{LG2}^1	S_{LG2}^2	S_{LG2}	D_{LG2}	π_{LG2}	W_{LG2}
0.3	95.84	106.68	77.87	95.89	173.76	421.72	125	32 122
0.4	97.93	107.38	78.11	85.69	163.80	415.31	2 363	32 245
0.5	100.11	108.28	77.55	79.51	157.06	409.12	2 986	32 435
0.6	102.40	109.36	76.40	75.63	152.03	402.91	3 487	32 677
0.7	104.85	110.59	74.76	73.22	147.98	396.54	3 952	32 968
0.8	107.49	112.00	72.66	71.84	144.50	389.86	4 424	33 305
0.9	110.39	113.61	70.10	71.22	141.32	382.72	4 935	33 691
1.0	113.61	115.46	67.05	71.21	138.26	374.95	5 509	34 134

由表 5-6 可得如下结论。

结论 5.9：地方规制下，随着政府对货主码头经营者关注程度的增加，公用码头的费率和货主码头的利润呈上升趋势，货主码头的投资、港口的总投资、港口服务总需求呈下降趋势，而货主码头的费率、公用码头的投资和社会总福利变化趋势不定。

（3）$\theta_2=70$ 时，港口服务需求对价格的敏感程度 a 的变化给港口经营及社会福利带来的变动如表 5-7 所示。

表 5-7　a 的变化对 f_{LG2}^1、f_{LG2}^2、S_{LG2}^1、S_{LG2}^2、S_{LG2}、D_{LG2}、π_{LG2} 和 W_{LG2} 的影响

a	f_{LG2}^1	f_{LG2}^2	S_{LG2}^1	S_{LG2}^2	S_{LG2}	D_{LG2}	π_{LG2}	W_{LG2}
1	106.58	117.37	109.24	106.27	215.51	657.59	5 971	225 720
2	103.35	111.89	93.17	92.91	186.08	527.12	4 313	76 180
3	100.11	108.28	77.55	79.51	157.06	409.12	2 986	32 440
4	96.85	103.55	62.51	66.08	128.59	304.20	1 957	14 460
5	93.58	98.70	48.20	52.68	100.88	213.11	1 197	6 250
6	90.30	93.76	34.86	39.47	74.33	136.77	658	2 460
7	86.96	88.78	22.86	26.84	49.70	76.56	311	830
8	83.46	83.86	12.80	15.62	28.42	34.22	113	210
9	79.72	79.18	5.46	7.10	12.56	10.44	26	40
10	75.90	74.97	1.33	2.10	3.43	1.59	3	0

由表 5-7 可得如下结论。

结论 5.10：地方规制下，随着港口服务需求对价格的敏感程度的增加，公用码头和货主码头的费率、公用码头和货主码头的投资、港口总投资、港口服务总需求、货主码头的利润、社会总福利均呈下降趋势。

(4) $\theta_2=70$ 时，港口差异化程度 t 的变化给港口经营及社会福利带来的变动如表 5-8 所示。

表 5-8　t_1 和 t_2 的变化对 f^1_{LG2}、f^2_{LG2}、S^1_{LG2}、S^2_{LG2}、S_{LG2}、D_{LG2}、π_{LG2} 和 W_{LG2} 的影响

$t_1=t_2$	f^1_{LG2}	f^2_{LG2}	S^1_{LG2}	S^2_{LG2}	S_{LG2}	D_{LG2}	π_{LG2}	W_{LG2}
5	90.96	96.48	67.36	69.35	136.71	467.43	2454	40058
6	93.08	99.24	70.25	72.11	142.36	454.00	2601	38245
7	95.02	101.77	72.60	74.42	147.02	441.61	2722	36603
8	96.83	104.10	74.55	76.38	150.93	430.08	2825	35101
9	98.52	106.26	76.18	78.06	154.24	419.29	2912	33718
10	100.11	108.28	77.55	79.51	157.06	409.12	2986	32435
11	101.61	110.18	78.71	80.77	159.48	399.49	3048	31240
12	103.03	111.97	79.70	81.86	161.56	390.34	3101	30121
13	104.38	113.67	80.53	82.82	163.35	381.62	3145	29070
14	105.68	115.27	81.24	83.65	164.89	373.28	3183	28082

由表 5-8 可得如下结论。

结论 5.11：地方规制下，随着港口差异化程度的减小，公用码头和货主码头的费率、公用码头和货主码头的投资、港口的总投资、货主码头的利润均呈上升趋势，而港口服务总需求和社会总福利呈下降趋势。

5.4　规制模式的比较

为了分析考虑港口投资情况下中央规制模式和地方规制模式对港口经营和社会福利的影响，本章就港口经营者装卸服务边际成本、港口经营者利润在政府目标中的相对权重、港口需求对价格的敏感程度、港口经营差异化程度这四个参数变化对两种规制模式下港口费率、港口总投资、港口经营者的利润、港口服务需求和社会总福利进行对比。

5.4.1　港口经营者装卸边际成本对规制模式的影响

本节单独考察当港口经营者装卸服务边际成本发生变化时，两种规制模式对港口费率、港口总投资、港口经营者的利润、港口服务需求和社会总福利的影响。

这里 $a=3$，$t=10$，$D_0=800$，$\tau=0.5876$，$\alpha=0.5$，而 θ、θ_2 在 64～72 之间变化，比较结果如图 5-4～5-8 所示。

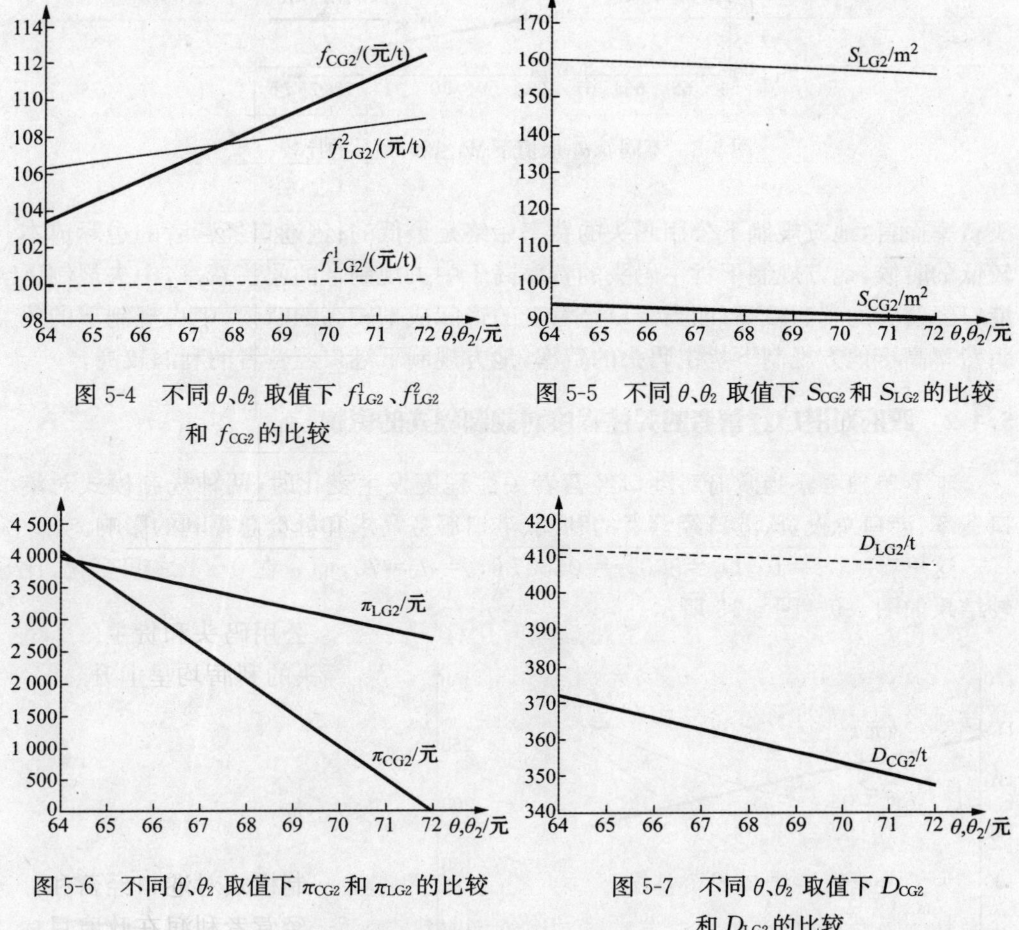

图 5-4　不同 θ、θ_2 取值下 f^1_{LG2}、f^2_{LG2} 和 f_{CG2} 的比较

图 5-5　不同 θ、θ_2 取值下 S_{CG2} 和 S_{LG2} 的比较

图 5-6　不同 θ、θ_2 取值下 π_{CG2} 和 π_{LG2} 的比较

图 5-7　不同 θ、θ_2 取值下 D_{CG2} 和 D_{LG2} 的比较

由图 5-4～5-8 可得如下结论。

结论 5.12：比较两种规制模式可见，不管港口经营者的边际成本如何变化，地方规制时港口的总投资、港口的总需求和社会总福利始终高于中央规制时；对于码

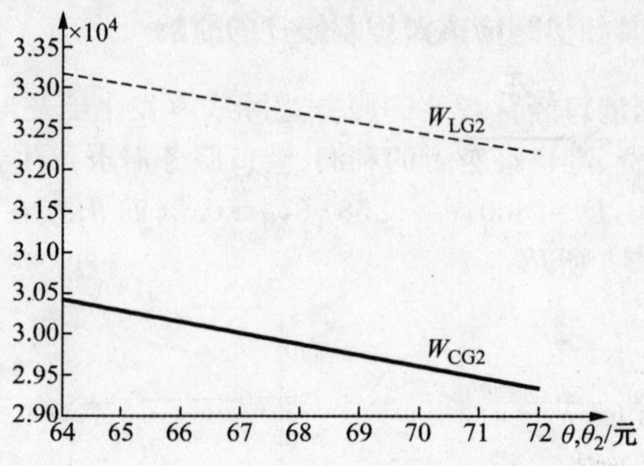

图 5-8 不同 θ、θ_2 取值下 W_{CG2} 和 W_{LG2} 的比较

头费率而言，地方规制下公用码头的费率始终是最低的；当港口经营者的边际成本较低的时候，地方规制下货主码头的费率高于中央规制下的码头费率，中央规制下港口经营者的利润较高；而当港口经营者的边际成本较高的时候，中央规制下的码头费率高于地方规制下货主码头的费率，地方规制下港口经营者的利润较高。

5.4.2 政府对港口经营者的关注程度对规制模式的影响

本节单独考察当政府对港口经营者关注程度发生变化时，两种规制模式对港口费率、港口总投资、港口经营者的利润、港口服务需求和社会总福利的影响。

这里 $a=3, t=10, D_0=800, \tau=0.5876, \theta=\theta_2=70$，而 α 在 0～1 之间变化，比较结果如图 5-9～图 5-13 所示。

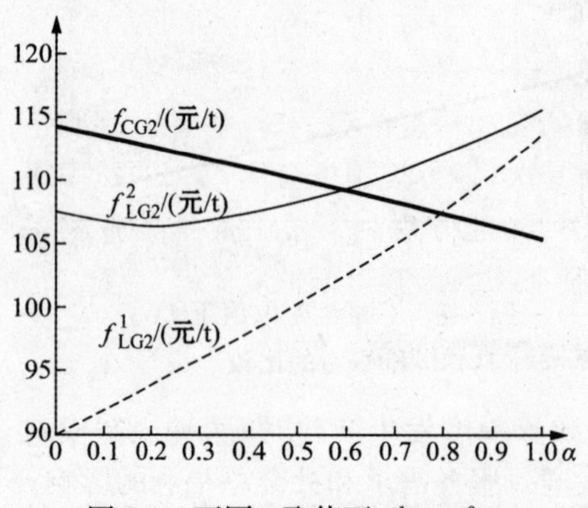

图 5-9 不同 α 取值下 f_{LG2}^1、f_{LG2}^2 和 f_{CG2} 的比较

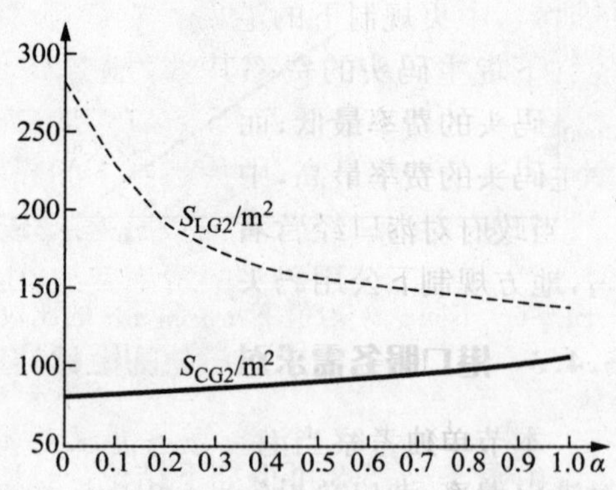

图 5-10 不同 α 取值下 S_{CG2} 和 S_{LG2} 的比较

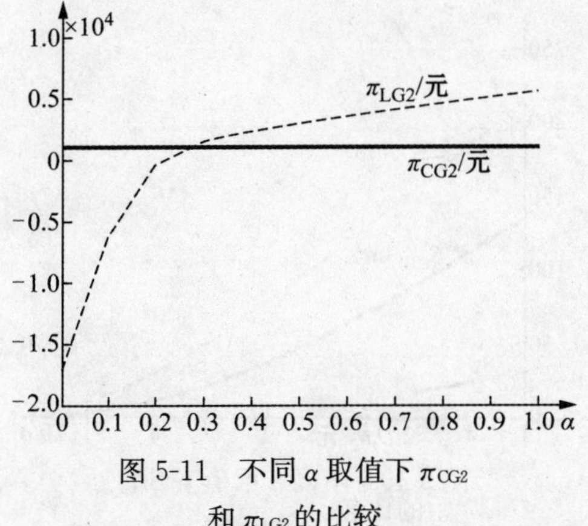

图 5-11　不同 α 取值下 π_{CG2} 和 π_{LG2} 的比较

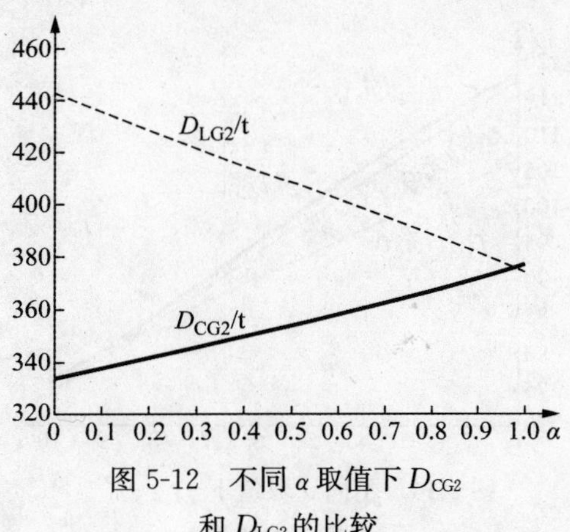

图 5-12　不同 α 取值下 D_{CG2} 和 D_{LG2} 的比较

由图 5-9～图 5-13 可得如下结论。

结论 5.13：比较两种规制模式可见，不管政府对港口经营者的关注程度如何变化，地方规制时港口的总投资、社会总福利和港口总需求始终高于中央规制时；就港口经营者的利润而言，当政府对港口经营者的关注程度较低的时候，中央规制下的港口经营者的利润较高；当政府对港口经营者的关注程度较高的时候，地方规制下的港口经营者的利润较高；就码头费率而言，当政府对港口经营者的关注程度较低的时候，中央规制下的港口费率最高，地方规制下货主码头的费率其次，地方规制下公用码头的费率最低；而当政府对港口经营者的关注程度中等的时候，地方规制下货主码头的费率最高，中央规制下的码头费率其次，地方规制下公用码头的费率最低；当政府对港口经营者的关注程度较高的时候，地方规制下货主码头的费率最高，地方规制下公用码头的费率其次，中央规制下的码头费率最低。

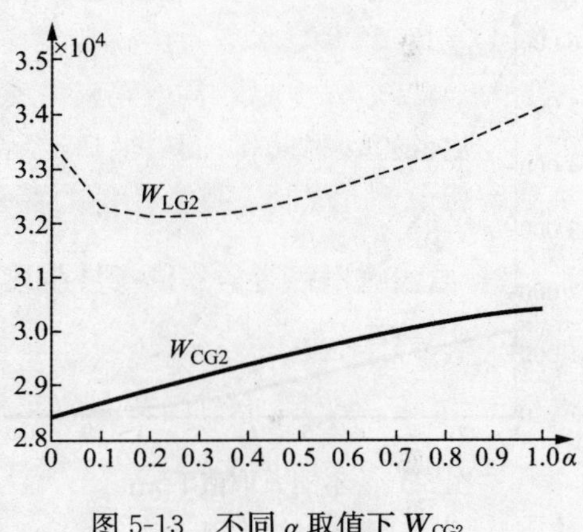

图 5-13　不同 α 取值下 W_{CG2} 和 W_{LG2} 的比较

5.4.3　港口服务需求对价格的敏感程度对规制模式的影响

本节单独考察当港口服务需求对价格的敏感程度发生变化时，两种规制模式对港口费率、港口总投资、港口经营者的利润、港口服务需求和社会总福利的影响。

这里 $\alpha=0.5$，$t=10$，$D_0=800$，$\tau=0.5876$，$\theta=\theta_2=70$，而 a 在 1～10 之间变化，比较结果如图 5-14～图 5-18 所示。

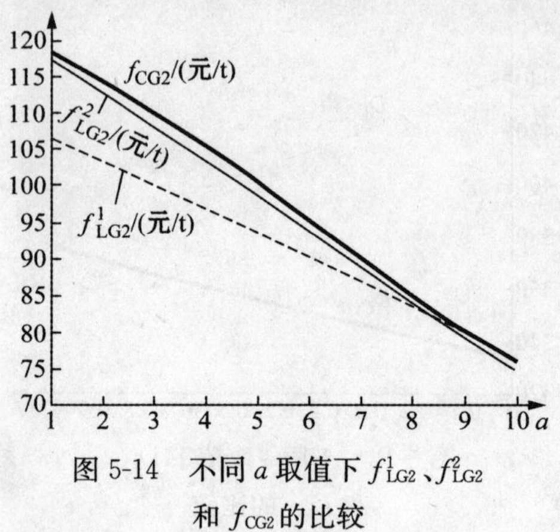

图 5-14　不同 a 取值下 f_{LG2}^1、f_{LG2}^2 和 f_{CG2} 的比较

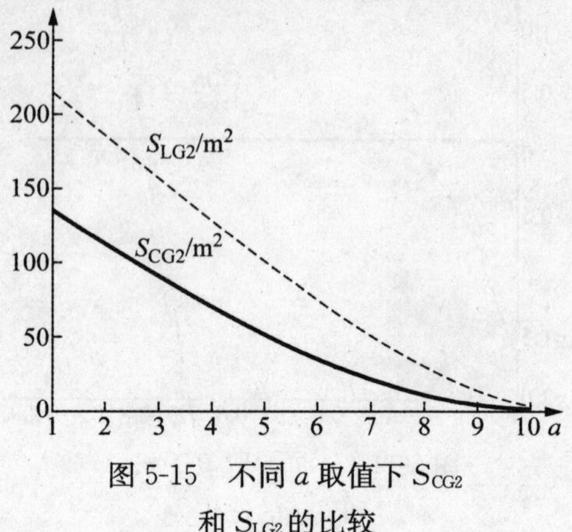

图 5-15　不同 a 取值下 S_{CG2} 和 S_{LG2} 的比较

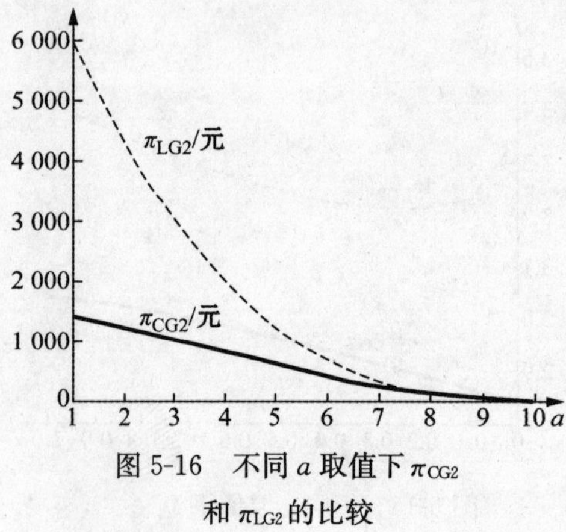

图 5-16　不同 a 取值下 π_{CG2} 和 π_{LG2} 的比较

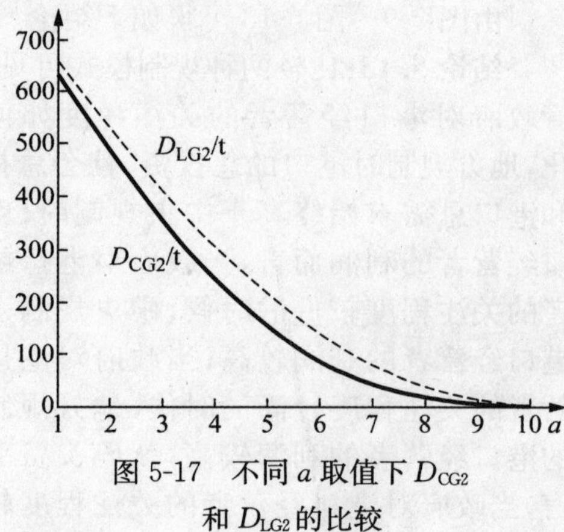

图 5-17　不同 a 取值下 D_{CG2} 和 D_{LG2} 的比较

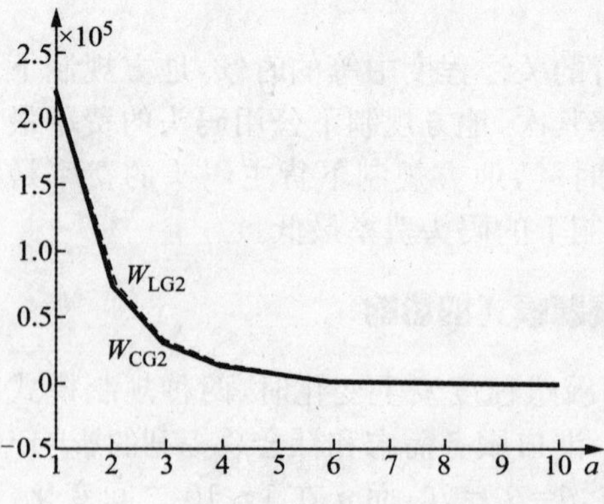

图 5-18　不同 a 取值下 W_{CG2} 和 W_{LG2} 的比较

由图 5-14～图 5-18 可得如下结论。

结论 5.14: 比较两种规制模式可见，不管港口服务的需求对价格的敏感程度如何变化，地方规制时港口的总投资、港口经营者的利润和港口的总需求始终高于中央规制时；而两种规制模式下的社会总福利则相差不大。对于费率而言，当港口服务的需求对价格的敏感程度较低的时候，中央规制下的港口费率最高，地方规制下货主码头的费率其次，地方规制下公用码头的费率最低；而当港口服务的需求对价格的敏感程度中等的时候，中央规制下的码头费率最高，地方规制下公用码头的费率其次，地方规制下货主码头的费率最低；当港口服务的需求对价格的敏感程度较高的时候，地方规制下公用码头的费率最高，中央规制下的码头费率其次，地方规制下货主码头的费率最低。

5.4.4　港口经营差异化程度对规制模式的影响

本节单独考察当港口经营差异化程度发生变化时，两种规制模式对港口费率、港口总投资、港口经营者的利润、港口服务需求和社会总福利的影响。

这里 $\alpha=0.5$，$a=3$，$D_0=800$，$\tau=0.5876$，$\theta=\theta_2=70$，而 t 在 5～14 之间变化，比较结果如图 5-19～图 5-23 所示。

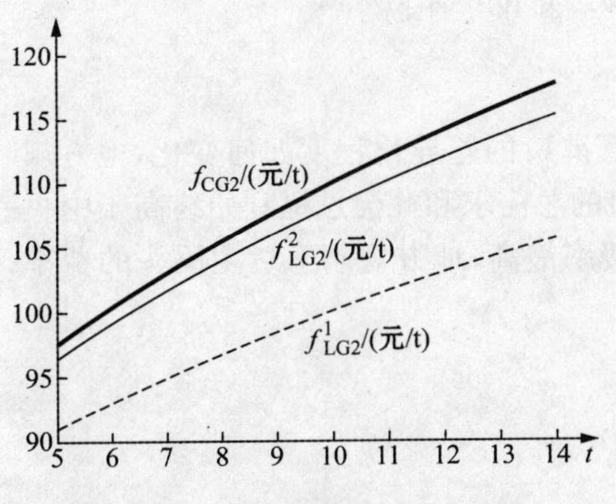

图 5-19　不同 t 取值下 f^1_{LG2}、f^2_{LG2} 和 f_{CG2} 的比较

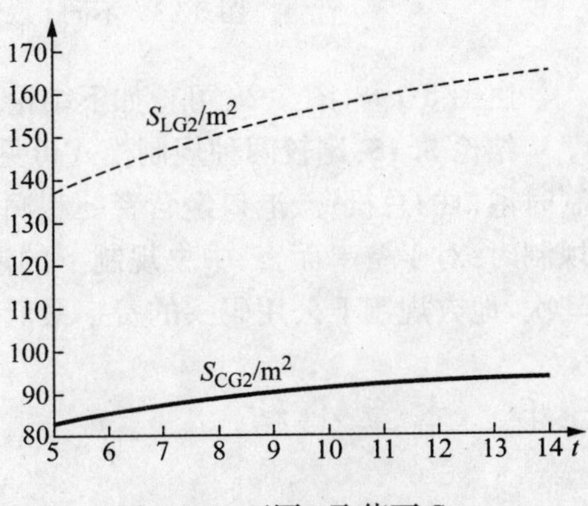

图 5-20　不同 t 取值下 S_{CG2} 和 S_{LG2} 的比较

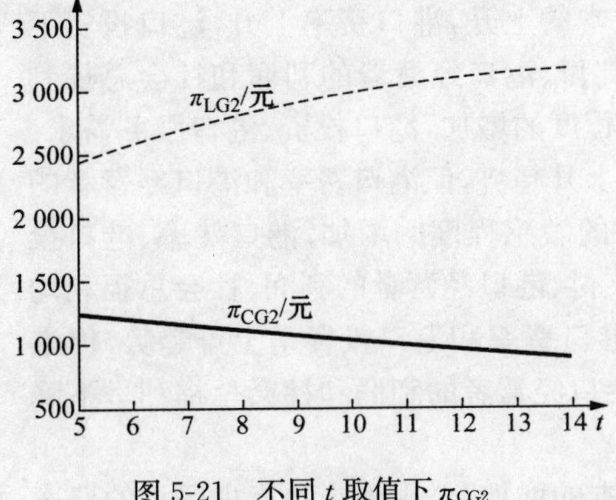

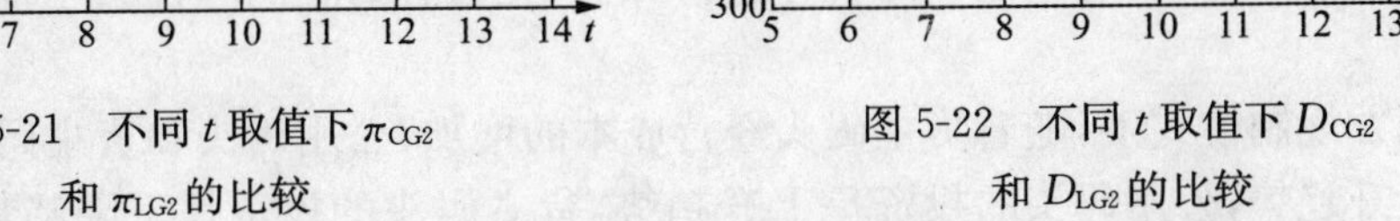

图 5-21　不同 t 取值下 π_{CG2} 和 π_{LG2} 的比较

图 5-22　不同 t 取值下 D_{CG2} 和 D_{LG2} 的比较

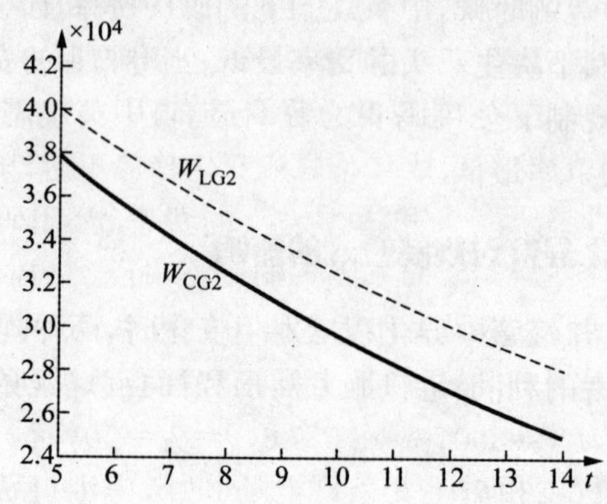

图 5-23 不同 t 取值下 W_{CG2} 和 W_{LG2} 的比较

由图 5-19～图 5-23 可得如下结论。

结论 5.15:比较两种规制模式可见,不管港口的差异化程度如何变化,地方规制时港口的总投资、港口经营者的利润、港口的总需求和社会总福利始终高于中央规制时;对于费率而言,中央规制下的港口费率最高,地方规制下货主码头的费率其次,地方规制下公用码头的费率最低。

5.5 本章小结

本章对第 4 章的模型进行拓展,讨论了考虑港口投资时的港口费率和投资规制模型,得出了中央规制和地方规制这两种规制模式下港口费率和投资的规制准则,在就各种因素对港口费率的影响进行敏感性分析的基础上指出:

中央规制模式下,随着装卸服务边际成本的上升,港口费率上升,港口投资下降,港口服务需求、中央政府对港口的转移支付、港口经营者的利润和社会总福利均呈下降趋势;随着政府对港口经营者关注程度的增加,港口投资、港口服务需求、中央政府对港口的转移支付、社会总福利呈上升趋势,但港口费率和港口经营者的利润呈下降趋势;随着港口服务需求对价格的敏感程度的增加,港口费率、港口投资、港口服务需求、中央政府对港口的转移支付、港口经营者的利润、社会总福利均呈下降趋势;随着港口差异化程度的减小,港口费率和港口投资呈上升趋势,但港口服务需求、中央政府对港口的转移支付、港口经营者的利润和社会总福利呈下降趋势。

地方规制模式下,随着货主码头经营成本的增加,公用码头和货主码头的费率均呈上升趋势,公用码头的投资呈上升趋势,货主码头的投资呈下降趋势,但港口的总投资呈下降趋势，港口服务总需求、货主码头的利润和社会总福利均呈下降趋势；随着政府对货主码头经营者关注程度的增加，公用码头的费率和货主码头的利润呈上升趋势，货主码头的投资、港口的总投资、港口服务总需求呈下降趋势，而货主码头的费率、公用码头的投资和社会总福利变化趋势不定；随着港口服务需求对价格的敏感程度的增加，公用码头和货主码头的费率、公用码头和货主码头的投资、港口总投资、港口服务总需求、货主码头的利润、社会总福利均呈下降趋势；随着港口差异化程度的减小，公用码头和货主码头的费率、公用码头和货主码头的投资、港口的总投资、货主码头的利润均呈上升趋势，而港口服务总需求和社会总福利呈下降趋势。

通过对港口差异化程度相对不变条件下，同时考虑港口费率和投资规制时两种不同的规制模式给港口经营和社会福利带来的影响进行比较，得知：

(1) 规制模式对港口费率的影响不定；

(2) 地方规制模式下港口的总投资较大，因此地方规制模式有利于调动港口投资的积极性；

(3) 多数情况下，港口经营者偏好地方规制模式，因为在该模式下港口经营者的利润较高；

(4) 多数情况下，地方规制时港口的服务需求量较高；

(5) 多数情况下，地方规制时社会福利较高。

第 6 章　港口经营差异化规制

6.1　港口经营差异化程度的表示

第 5 章考虑港口差异化程度不变的情况下港口的费率和投资规制，本章则对第 5 章的模型再次进行拓展，讨论当港口差异化程度可变时，港口的费率、投资和差异化程度的规制准则。

除了对泊位面积和仓库堆场的投资以外，港口还对港口机械设备、信息系统、人力资源等方面进行投资，而这些投资将对港口经营的差异化程度产生影响。因此本章讨论同时考虑费率、港口投资时港口对经营差异化程度的规制。港口经营差异化程度用港口服务的广义价格 p（式 4.2）中的参数 t 来反映，t 越大，港口经营的差异化程度越低；t 越小，港口经营的差异化程度越高。

6.2　中央规制

6.2.1　基本假设

同时考虑费率、投资和差异化程度的中央规制模式遵循假设 6.1～6.7，即：

假设 6.1：中央政府缺乏港口营运成本的信息，即中央政府不知道 θ 的具体数值，只知道 θ 是一个随机变量，$\theta\in[\underline{\theta},\bar{\theta}]$，其分布函数为 $G(\theta)$，概率密度为 $g(\theta)$；而港口经营者确切地知道自己的营运成本信息 θ。

假设 6.2：θ 的分布函数和概率密度满足单调似然率条件，即 $\frac{\mathrm{d}}{\mathrm{d}\theta}\left[\frac{G(\theta)}{g(\theta)}\right]\geqslant 0$。

假设 6.3：中央政府的规制目标为最大化社会总福利，即消费者剩余和港口经营者利润的加权平均总和。

假设 6.4：港口经营者向中央政府上交所有港口营运收入，再由中央政府给予港口经营者一定的转移支付。

假设 6.5：港口经营者的目标为最大化利润，即所得的转移支付减去港口经营成本，其得到的利润必须大于等于他的保留利润，本书将其保留利润水平标准化为 0。

假设 6.6：中央政府设计规制过程，即他掌握了全部的讨价还价能力，他向港口经营者提供的规制合约为一个“要么接受，要么离开”(Take-it-or-leave-it)式的合约。

假设 6.7：中央政府也不知道 τ 的具体数值，只知道 τ 是一个随机变量，$\tau \in [\underline{\tau}, \bar{\tau}]$，其分布函数为 $M(\tau)$，概率密度为 $m(\tau)$；而港口经营者确切地制道自己的码头维护成本信息 τ。τ 的分布函数和概率密度满足单调似然率条件，即 $\frac{\mathrm{d}}{\mathrm{d}\tau}\left[\frac{M(\tau)}{m(\tau)}\right] \geqslant 0$。$\theta$ 和 τ 相互独立。

除了上述假设以外，本节还增加如下假设。

假设 6.8：增加港口差异化程度的边际成本 ξ 不变。

6.2.2　规制过程

由于对港口的营运成本参数 θ 和 τ 均缺乏信息，因此中央政府采用如下的规制过程：

(1) 港口经营者向中央政府汇报其成本参数信息 $\hat{\theta}, \hat{\tau}$，当然他可能如实汇报 $\hat{\theta} = \theta, \hat{\tau} = \tau$，他也有可能作出虚假的汇报 $\hat{\theta} \neq \theta, \hat{\tau} \neq \tau$；

(2) 中央政府根据港口经营者汇报的成本参数 $\hat{\theta}, \hat{\tau}$ 制定港口费率 $f(\hat{\theta}, \hat{\tau})$、港口投资(面积)$S(\hat{\theta}, \hat{\tau})$ 和增加经营差异化的程度 $\Delta t(\hat{\theta}, \hat{\tau})$；

(3) 港口经营者根据中央政府制定的费率 $f(\hat{\theta}, \hat{\tau})$、港口投资(面积)$S(\hat{\theta}, \hat{\tau})$、增加经营差异化的程度 $\Delta t(\hat{\theta}, \hat{\tau})$ 开展经营活动，并上交所有港口营运收入；

(4) 中央政府根据港口经营者汇报的成本参数 $\hat{\theta}$、$\hat{\tau}$ 给予港口经营者转移支付 $T(\hat{\theta}, \hat{\tau})$。

6.2.3　规制问题

在上述规制流程下，中央政府实际上面临如下的优化问题

$$\max_{f, S, \Delta t, T} U_{\mathrm{G}} = E_{\theta} E_{\tau}\left[\int_{0}^{D} p(x)\mathrm{d}x - T(\hat{\theta}, \hat{\tau}) - \frac{(t - \Delta t(\hat{\theta}, \hat{\tau}))D^{2}}{S} + \alpha\pi\right]$$

(优化问题 6-1)

$$\text{S. t. IC: } \pi = \arg\max_{\hat{\theta}, \hat{\tau}}\{T(\hat{\theta}, \hat{\tau}) - \theta D(\hat{\theta}, \hat{\tau}) - \tau S(\hat{\theta}, \hat{\tau})^{2} - \xi\Delta t(\hat{\theta}, \hat{\tau})\}$$

$$\text{PC: } \pi \geqslant 0$$

6.2.4　费率、投资和经营差异化程度的规制

优化问题 6-1 实际上也是一个二维的逆向选择问题，只是比优化问题 5-1 多了

一个控制变量 Δt，本节按照 5.2 节的方法来解决上述问题。

首先，同样根据显示原理，使用直接显示机制来分析优化问题 6-1。采用与 5.2.4节同样的方法，对于激励相容条件 IC，由包络定理得：

$$\frac{\partial\pi}{\partial\theta}=-D(\theta,\tau)$$

$$\frac{\partial\pi}{\partial\tau}=-S(\theta,\tau)^2$$

同时由 IC 可得 $T(\hat{\theta},\hat{\tau})=\pi+\theta D(\hat{\theta},\hat{\tau})+\tau S(\hat{\theta},\hat{\tau})^2+\xi\Delta t(\hat{\theta},\hat{\tau})$。

将上述两式带入优化问题 6-1，可将优化问题 6-1 转换为如下的最优控制问题：

$$\max_{f,S,\Delta t}\int_{\underline{\tau}}^{\bar{\tau}}\int_{\underline{\theta}}^{\bar{\theta}}\left[\int_0^D p(x)\mathrm{d}x-(1-\alpha)\pi-\theta D-\tau S^2-\xi\Delta t-\frac{(t-\Delta t)D^2}{S}\right]g(\theta)m(\tau)\mathrm{d}\theta\mathrm{d}\tau$$

$$\text{S. t.}\qquad \frac{\partial\pi}{\partial\theta}=-D(\theta,\tau)$$

$$\frac{\partial\pi}{\partial\tau}=-S(\theta,\tau)^2$$

$$\pi\geqslant 0$$

在上述最优控制问题中，f、S、Δt 为控制变量，π 为状态变量。

同样按照 5.2 中引理所示的方法，建立 Hamilton 函数如下：

$$H=\left[\int_0^D p(x)\mathrm{d}x-(1-\alpha)\pi-\theta D-\tau S^2-\xi\Delta t-\frac{(t-\Delta t)D^2}{S}\right]gm+\lambda_1(-D)+\lambda_2(-S^2)$$

其中 λ_1 和 λ_2 分别为 θ 和 τ 的协变量。

Hamilton 函数的一阶条件为

$$\frac{\partial \mathrm{H}}{\partial f}=\left(\frac{\partial\int_0^D p(x)\mathrm{d}x}{\partial f}-\theta\frac{\partial D}{\partial f}-\frac{2(t-\Delta t)D}{S}\frac{\partial D}{\partial f}\right)gm-\lambda_1\frac{\partial D}{\partial f}=0 \tag{6.1}$$

$$\frac{\partial \mathrm{H}}{\partial S}=\left[\frac{\partial\int_0^D p(x)\mathrm{d}x}{\partial S}-\theta\frac{\partial D}{\partial S}-2\tau S-(t-\Delta t)\left[\frac{2D\frac{\partial D}{\partial S}}{S}-\frac{D^2}{S^2}\right]\right]gm-\lambda_1\frac{\partial D}{\partial S}-\lambda_2(2S)=0 \tag{6.2}$$

$$\frac{\partial \mathrm{H}}{\partial \Delta t}=\left[\frac{\partial\int_0^D p(x)\mathrm{d}x}{\partial \Delta t}-\theta\frac{\partial D}{\partial \Delta t}-\xi-\left(-\frac{D^2}{S}+\frac{2(t-\Delta t)D}{S}\frac{\partial D}{\partial \Delta t}\right)\right]gm-\lambda_1\frac{\partial D}{\partial \Delta t}=0 \tag{6.3}$$

$$\frac{\partial \mathrm{H}}{\partial \pi}=-(1-\alpha)gm=-\frac{\mathrm{d}\lambda_1}{\mathrm{d}\theta}-\frac{\mathrm{d}\lambda_2}{\mathrm{d}\tau} \tag{6.4}$$

而

$$\frac{\partial\int_0^D p(x)\mathrm{d}x}{\partial\Delta t}=p\frac{\partial D}{\partial\Delta t} \tag{6.5}$$

将式(4.15)和式(4.16)代入式(6.1)可得

$$\left[p-\theta-\frac{2(t-\Delta t)D}{S}\right]gm=\lambda_1 \tag{6.6}$$

由式(6.2)、(6.6)、(5.4)和式(5.5)可得

$$\left[\frac{(t-\Delta t)D^2}{2S^3}-\tau\right]gm=\lambda_2 \tag{6.7}$$

由式(6.3)、(6.5)和式(6.6)可得

$$\frac{D^2}{S}=\xi \tag{6.8}$$

由式(6.4)可得

$$\lambda_1=\frac{1}{2}(1-\alpha)Gm \tag{6.9}$$

$$\lambda_2=\frac{1}{2}(1-\alpha)gM \tag{6.10}$$

将式(4.9)、(4.10)、(6.9)和式(6.10)代入式(6.6)、(6.7)和式(6.8)可得化简的一阶条件如下：

$$f+\frac{2S\left[\tau+\frac{(1-\alpha)M(\tau)}{2m(\tau)}\right](2af-tD_0)}{\xi}=\left[\frac{1}{2}(1-\alpha)\frac{G(\theta)}{g(\theta)}+\theta\right]\left(1+\frac{2aS\left[\tau+\frac{(1-\alpha)M(\tau)}{2m(\tau)}\right]}{\xi}\right) \tag{6.11}$$

$$S(D_0-af)^2=\xi[S+a(t-\Delta t)]^2 \tag{6.12}$$

$$t-\Delta t=\frac{2S^2\left[\tau+\frac{(1-\alpha)M(\tau)}{2m(\tau)}\right]}{\xi} \tag{6.13}$$

解由式(6.11)～(6.13)构成的关于 f、s、Δt 的方程组可得中央规制下港口的费率 f_{CG3}、港口投资(面积)S_{CG3} 和增加经营差异化的程度 Δt_{CG3}。

6.2.5　各参数变化对港口经营及社会福利的影响

本节分析各参数变化对港口费率 f_{CG3}、港口投资(面积)S_{CG3}、港口增加的经营

差异化程度 Δt_{CG3}、港口最终的差异化程度 t'_{CG3}、港口服务需求 D_{CG3}、港口经营者的利润 π_{CG3}、中央政府对港口经营者的转移支付 T_{CG3}，以及社会总福利 W_{CG3} 的影响，其中 $t'_{CG3}=t-\Delta t_{CG3}$。

由于非线性方程组(6.10)～(6.12)无法求得解析解，本节采用数值模拟的方式来分析上述问题。为了便于比较，各基本参数同第 5 章。假定：

$a=3, t=10, D_0=800, \xi=2\,000, \alpha=0.5$，$\theta$ 服从 64～72 的均匀分布，即 $\theta \sim U(64,72)$，τ 服从 0.2～1 的均匀分布，即 $\tau \sim U(0.2,1)$。

(1) 港口经营者的成本(θ,τ)同港口费率 f_{CG2}、港口投资（面积）S_{CG2} 和港口增加的经营差异化程度 Δt_{CG3} 之间的关系如图 6-1、图 6-2 和图 6-3 所示。

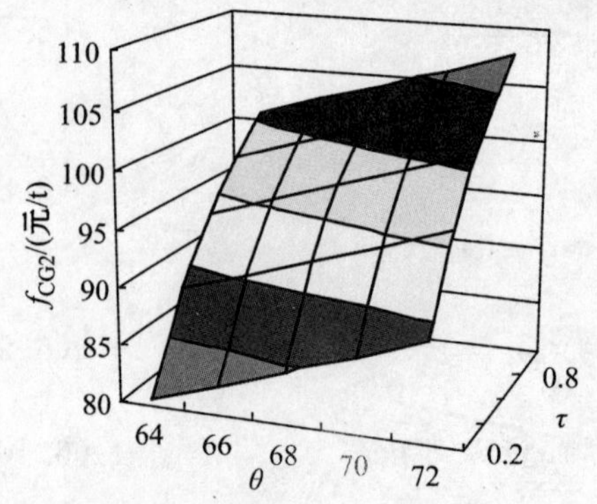

图 6-1 不同 θ 和 τ 下的港口费率

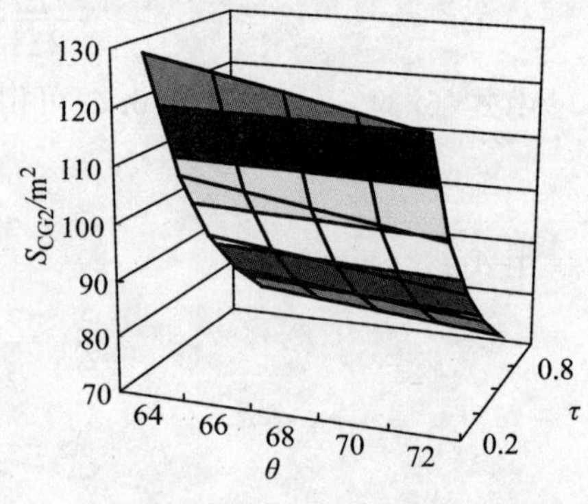

图 6-2 不同 θ 和 τ 下的港口投资（面积）

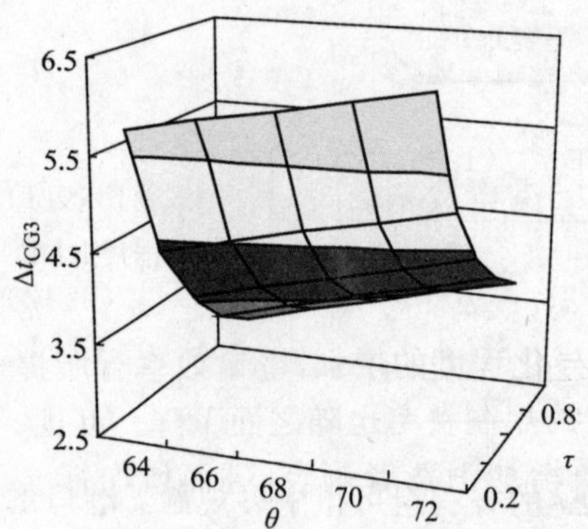

图 6-3 不同 θ 和 τ 下的港口经营差异化程度的改变

由图 6-1、图 6-2 和图 6-3 可得如下结论。

结论 6.1：中央规制下，随着港口经营者边际装卸成本或码头维护成本的增加，港口费率呈上升趋势。

结论 6.2：中央规制下，随着港口经营者边际装卸成本或码头维护成本的增加，港口投资呈下降趋势。

结论 6.3：中央规制下，随着港口经营者边际装卸成本的增加，港口经营差异化程度呈上升趋势；而随着港口经营者码头维护成本的增加，港口经营差异化程度呈下降趋势。

(2) 中央规制下费率规制，费率和投资规制，费率、投资和经营差异化程度规制三种不同情况下港口费率的比较。

本书对中央规制模式下费率规制，费率和投资规制，费率、投资和经营差异化程度规制这三种不同情况下港口费率进行比较，如图 6-4 所示。为使上述三者具有可比性，图 6-4 中的 f_{CG} 为中央规制下不考虑投资和改变经营差异化程度时的港口费率，f_{CG2} 是当港口经营者的码头维护成本参数 $\tau=0.5876$ 时(与 4.2.6 节数值模拟中的取值相同)中央规制下考虑投资但不考虑改变经营差异化程度时的港口费率，而 f_{CG3} 是当港口经营者的码头维护成本参数 $\tau=0.5876$，港口经营差异化程度 $t=10$ 时(与 4.2.6 节数值模拟中的取值相同)中央规制下同时考虑费率、投资和经营差异化程度时的港口费率。

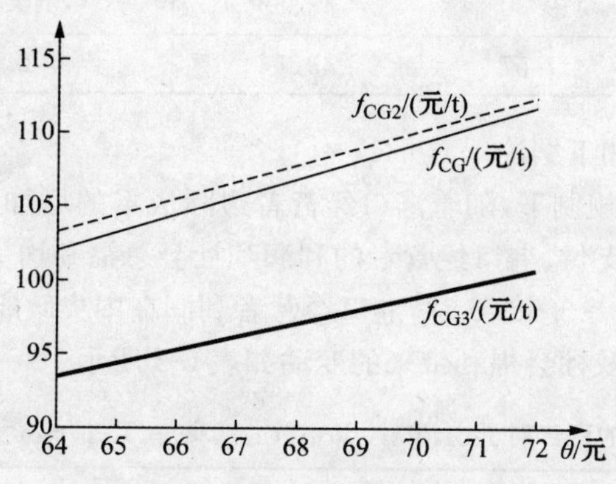

图 6-4　三种情况下港口费率的比较

由图 6-4 可得如下结论。

结论 6.4: 中央规制下，仅考虑港口投资时的港口费率最高，不考虑港口投资和改变差异化程度时费率其次，而同时进行港口投资和增加经营差异化程度时的费率最低。

导致上述结果的原因主要是，随着港口差异化程度的增加，港口效率有所提升，致使港口的经营成本降低，因而政府对港口的规制费率也随之而下降。可见，增加港口经营的差异化有助于降低港口费率，增加消费者剩余，进而增加社会福利。

(3)港口经营者的边际装卸成本 θ 的变化给港口经营及社会福利带来的变动如表 6-1 所示。

表 6-1　θ 的变化对 D_{CG3}、T_{CG3}、π_{CG3} 和 W_{CG3} 的影响

θ	D_{CG3}	T_{CG3}	π_{CG3}	W_{CG3}
64	431.26	44 706	4 727	28 960
65	429.57	44 573	4 155	28 796
66	427.88	44 432	3 577	28 635
67	426.18	44 278	2 995	28 479
68	424.47	44 117	2 407	28 327
69	422.76	43 946	1 813	28 179
70	421.03	43 761	1 214	28 035
71	419.30	43 569	610	27 895
72	417.57	43 366	0	27 760

由表 6-1 可得如下结论。

结论 6.5:中央规制下,随着港口经营者边际成本的增加,港口服务需求、中央政府对港口的转移支付、港口经营者的利润和社会总福利均呈下降趋势。

(4) 当 $\theta=70$, $\tau=0.5876$ 时,港口经营者利润在中央政府目标中的相对权重 α 的变化给港口经营及社会福利带来的变动如表 6-2 所示。

表 6-2　α 的变化对 f_{CG3}、S_{CG3}、Δt_{CG3}、t'_{CG3}、D_{CG3}、T_{CG3}、π_{CG3} 和 W_{CG3} 的影响

α	f_{CG3}	S_{CG3}	Δt_{CG3}	t'_{CG3}	D_{CG3}	T_{CG3}	π_{CG3}	W_{CG3}
0	102.31	82.07	4.06	5.94	405.16	41 689	1 243	27 120
0.1	101.66	83.29	4.09	5.91	408.13	42 061	1 237	27 315
0.2	101.00	84.54	4.12	5.88	411.21	42 457	1 231	27 503
0.3	100.32	85.85	4.15	5.85	414.38	42 870	1 226	27 687
0.4	99.62	87.22	4.19	5.81	417.64	43 303	1 220	27 865
0.5	98.91	88.64	4.23	5.77	421.03	43 761	1 214	28 035
0.6	98.18	90.12	4.27	5.73	424.54	44 245	1 209	28 198
0.7	97.42	91.67	4.32	5.68	428.16	44 756	1 203	28 354
0.8	96.64	93.28	4.38	5.62	431.94	45 299	1 198	28 500
0.9	95.84	94.98	4.43	5.57	435.85	45 872	1 193	28 636
1.0	95.01	96.76	4.50	5.50	439.93	46 482	1 189	28 761

由表 6-2 可得如下结论。

结论 6.6:中央规制下,随着政府对港口经营者关注程度的增加,港口费率、港口经营者的利润呈下降趋势,但港口投资、港口的差异化程度、港口服务需求、中央政府对港口的转移支付和社会总福利均呈上升趋势。

(5) 当$\theta=70$,$\tau=0.5876$时,港口服务需求对价格的敏感程度a的变化给港口经营及社会福利带来的变动如表 6-3 所示。

表 6-3　a 的变化对 f_{CG3}、S_{CG3}、Δt_{CG3}、t'_{CG3}、D_{CG3}、T_{CG3}、π_{CG3} 和 W_{CG3} 的影响

a	f_{CG3}	S_{CG3}	Δt_{CG3}	t'_{CG3}	D_{CG3}	T_{CG3}	π_{CG3}	W_{CG3}
1	144.26	169.93	0.04	9.96	582.97	36661	1304	218020
2	113.96	118.66	1.98	8.02	487.16	42921	1230	72540
3	98.91	88.64	4.23	5.77	421.03	43761	1214	28040
4	89.77	67.64	6.64	3.36	367.81	42944	1229	7600
5	83.65	51.52	8.05	1.95	321.02	41400	1268	−3610
6	79.32	38.41	8.92	1.08	277.17	39429	1328	−10380
7	76.19	27.33	9.45	0.55	233.80	37118	1410	−14690
8	73.96	17.78	9.77	0.23	188.59	34442	1519	−17510
9	72.48	9.64	9.93	0.07	138.81	31289	1655	−19330
10	71.70	3.29	9.99	0.01	81.08	27474	1808	−20430

由表 6-3 可得如下结论。

结论 6.7:中央规制下,随着港口服务需求对价格的敏感程度的增加,港口的差异化程度和港口经营者的利润呈上升趋势;而港口费率、港口投资、港口服务需求、中央政府对港口的转移支付和社会总福利均呈下降趋势。

6.3　地方规制

6.3.1　基本假设

在地方规制模式中,6.2.1 节中的假设 6.3、假设 6.5、假设 6.8 仍然成立,还有如下假设 6.9、假设 6.10 成立,即:

假设 6.3:地方政府的规制目标为最大化社会总福利,即消费者剩余和港口经营者利润的加权平均总和。

假设 6.5:港口经营者的目标为最大化利润,即所得的转移支付减去港口经营成本,其得到的利润必须大于等于他的保留利润,本书将其保留利润水平标准化为 0。

假设 6.8:增加港口差异化程度的边际成本 ξ 不变。

假设 6.9:地方政府参与港口的建设和竞争,因此知道港口的成本参数。

假设 6.10:货主码头的经营管理比公用码头更有效,即货主码头的边际营运成本低于公用码头。

6.3.2 规制过程

此时规制过程如下:

(1) 地方政府规定对公用码头的投资(公用码头面积)和对货主码头的投资(出租给货主的码头面积),所有公用码头和货主码头由地方政府负责维护,而货主码头经营者向地方政府交纳码头租赁费;

(2) 地方政府和货主码头经营者进行同时行动的双寡头博弈,其中地方政府的博弈策略为公用码头费率、公用码头的投资(公用码头面积)、对货主码头的投资(货主码头面积)和公用码头的经营差异化程度,而货主码头经营者的博弈策略为货主码头费率和货主码头的经营差异化程度;

(3) 用户在公用码头和货主码头之间进行选择。

此时规制过程中地方政府不仅要考虑公用码头费率、公用码头和货主码头的投资,还要考虑公用码头的经营差异化程度,而货主码头经营者除了考虑货主码头的费率外,还要考虑货主码头的经营差异化程度。此时公用码头和货主码头的经营差异化程度为除了码头费率和投资之外的另两个决策变量,而非事先给定的参数。

6.3.3 公用、货主码头费率、投资和经营差异化程度的规制

首先考虑用户的决策问题,然后公用码头选择费率、公用码头投资(公用码头面积)、对货主码头的投资(出租给货主的码头面积)和公用码头的差异化程度,同时货主码头也选择费率及货主码头的差异化程度。地方政府和货主最大化各自目标,此时地方政府和货主的目标函数式(4.25)、(4.26)中的 t_1 由 t'_1 替代,t_2 由 t'_2 替代,$t'_1 = t_1 - \Delta t_1$,$t'_2 = t_2 - \Delta t_2$。

此时的求解在式(4.27)、(4.28)、(5.12)和式(5.13)的基础上,再增加如下两个关于 Δt_1 和 Δt_2 的一阶条件。式(4.27)、(4.28)、(5.12)和式(5.13)中的 t_1 由 t'_1 替代,t_2 由 t'_2 替代。

式(4.25)关于 Δt_1 的一阶条件为

$$\left(\frac{D_0}{a}-\frac{D_1+D_2}{a}\right)\left(\frac{\partial D_1}{\partial \Delta t_1}+\frac{\partial D_2}{\partial \Delta t_1}\right)-\theta_1\frac{\partial D_1}{\partial \Delta t_1}-\frac{1}{S_1}\left(2D_1t'_1\frac{\partial D_1}{\partial \Delta t_1}-D_1^2\right)-$$

$$\frac{1}{S_2}\left(2D_2t'_2\frac{\partial D_2}{\partial \Delta t_1}\right)-\alpha\theta_2\frac{\partial D_2}{\partial \Delta t_1}-(1-\alpha)f_2\frac{\partial D_2}{\partial \Delta t_1}-\xi=0 \tag{6.14}$$

式(4.26)关于 Δt_2 的一阶条件为

$$f_2\frac{\partial D_2}{\partial \Delta t_2}-\theta_2\frac{\partial D_2}{\partial \Delta t_2}-\xi=0 \tag{6.15}$$

上述式(6.13)和式(6.14)中 D_1、D_2 同样为式(4.22)和式(4.23)，只是其中的 t_1 由 t'_1替代，t_2 由 t'_2替代。

且

$$\frac{\partial D_1}{\partial \Delta t_1}=\frac{D_1(S_2+at'_2)}{t'_1S_2+t'_2S_1+at'_1t'_2} \tag{6.16}$$

$$\frac{\partial D_1}{\partial \Delta t_2}=\frac{af_1S_1-D_0S_1+D_1S_1+aD_1t'_1}{t'_1S_2+t'_2S_1+at'_1t'_2} \tag{6.17}$$

$$\frac{\partial D_2}{\partial \Delta t_1}=\frac{af_2S_2-D_0S_2+D_2S_2+aD_2t'_2}{t'_1S_2+t'_2S_1+at'_1t'_2} \tag{6.18}$$

$$\frac{\partial D_2}{\partial \Delta t_2}=\frac{D_2(S_1+at'_1)}{t'_1S_2+t'_2S_1+at'_1t'_2} \tag{6.19}$$

将式(6.15)、(6.16)、(6.17)、(6.18)代入式(6.13)和式(6.14)，求解由式(4.27)、(4.28)、(5.12)、(5.13)、(6.13)和式(6.14)组成的关于 f_1、f_2、S_1、S_2、Δt_1、Δt_2 的方程组可得公用码头和货主码头的最优费率 f^1_{LG3}、f^2_{LG3}，公用码头投资(公用码头面积)S^1_{LG3}和对货主码头的投资(出租给货主的码头面积)S^2_{LG3}以及公用码头和货主码头的差异化程度的变化 Δt^1_{LG3}、Δt^2_{LG3}。

6.3.4　各参数变化对港口经营及社会福利的影响

采用数值模拟的方式来分析各参数变化对公用码头费率 f^1_{LG3}、货主码头费率 f^2_{LG3}、公用码头投资(公用码头面积)S^1_{LG3}、对货主码头的投资(出租给货主的码头面积)S^2_{LG3}、港口总投资(总面积)$S_{LG3}=S^1_{LG3}+S^2_{LG3}$、公用码头和货主码头的差异化程度的变化 Δt^1_{LG3}和 Δt^2_{LG3}、公用码头和货主码头最终的差异化程度 $t^{1'}_{LG3}$和 $t^{2'}_{LG3}$、港口的服务需求 $D_{LG3}=D_1+D_2$、货主码头的利润 π_{LG3}以及社会总福利 W_{LG3}的影响。

本节的参数假定如下：

$a=3$，$t_1=t_2=10$，$D_0=800$，$\tau=0.5876$，$\alpha=0.5$，$\xi=2000$，$\theta_1=72$，$\theta_2\in[64,72]$。

(1) 货主码头的边际装卸成本 θ_2 的变化给港口经营及社会福利带来的变动如表6-4所示。

表 6-4 θ_2 的变化对 f_{LG3}^1、f_{LG3}^2、S_{LG3}^1、S_{LG3}^2、S_{LG3}、Δt_{LG3}^1、Δt_{LG3}^2、$t_{LG3}^{1'}$、$t_{LG3}^{2'}$、D_{LG3}、π_{LG3}和 W_{LG3} 的影响

θ_2	f_{LG3}^1	f_{LG3}^2	S_{LG3}^1	S_{LG3}^2	S_{LG3}
64	75.66	74.22	27.29	53.84	81.13
65	76.02	75.02	28.21	52.04	80.25
66	76.37	75.84	29.15	50.26	79.41
67	76.73	76.65	30.11	48.49	78.60
68	77.09	77.47	31.08	46.73	77.81
69	77.46	78.29	32.08	45.00	77.08
70	77.82	79.12	33.10	43.28	76.38
71	78.19	79.95	34.14	41.58	75.72
72	78.56	80.78	35.20	39.91	75.11

θ_2	Δt_{LG3}^1	Δt_{LG3}^2	$t_{LG3}^{1'}$	$t_{LG3}^{2'}$	D_{LG3}	π_{LG3}	W_{LG3}
64	9.56	9.15	0.44	0.85	561.76	1 659	53 839
65	9.53	9.20	0.47	0.80	560.07	1 640	53 587
66	9.50	9.26	0.50	0.74	558.47	1 636	53 355
67	9.47	9.31	0.53	0.69	556.80	1 614	53 110
68	9.43	9.36	0.57	0.64	555.02	1 608	52 849
69	9.40	9.41	0.60	0.59	553.36	1 590	52 612
70	9.36	9.45	0.64	0.55	551.50	1 564	52 339
71	9.32	9.50	0.68	0.50	549.78	1 559	52 092
72	9.27	9.54	0.73	0.46	547.86	1 552	51 809

由表 6-4 可得如下结论。

结论 6.8:地方规制下，随着货主码头经营成本的增加，公用码头和货主码头的费率均呈上升趋势，公用码头的投资呈上升趋势，货主码头的投资呈下降趋势，但港口的总投资呈下降趋势，公用码头的差异化程度降低，货主码头的差异化程度提高，此外，港口服务总需求、货主码头的利润和社会总福利均呈下降趋势。

(2) $\theta_2=70$ 时，政府对货主码头经营者关注程度 α 的变化给港口经营及社会福利带来的变动如表 6-5 所示。

表 6-5 α 的变化对 f^1_{LG3}、f^2_{LG3}、S^1_{LG3}、S^2_{LG3}、S_{LG3}、Δt^1_{LG3}、Δt^2_{LG3}、$t^{1'}_{LG3}$、$t^{2'}_{LG3}$、D_{LG3}、π_{LG3} 和 W_{LG3} 的影响

α	f^1_{LG3}	f^2_{LG3}	S^1_{LG3}	S^2_{LG3}	S_{LG3}
0	73.15	74.98	21.25	71.01	92.26
0.1	74.27	75.93	23.31	62.09	85.40
0.2	75.30	77.15	28.02	53.05	81.07
0.3	76.17	77.95	30.55	48.35	78.90
0.4	77.00	78.58	32.12	45.36	77.48
0.5	77.82	79.12	33.10	43.28	76.38
0.6	78.64	79.59	33.70	41.77	75.47
0.7	79.47	80.03	33.82	40.64	74.46
0.8	80.32	80.44	34.02	39.79	73.81
0.9	81.18	80.84	34.04	39.16	73.20
1.0	82.07	81.23	34.12	38.70	72.82

α	Δt^1_{LG3}	Δt^2_{LG3}	$t^{1'}_{LG3}$	$t^{2'}_{LG3}$	D_{LG3}	π_{LG3}	W_{LG3}
0	9.81	9.86	0.19	0.14	573.27	−1459	54820
0.1	9.68	9.77	0.32	0.23	568.29	−176	53980
0.2	9.54	9.67	0.46	0.33	562.46	679	53182
0.3	9.45	9.59	0.55	0.41	558.21	1109	52742
0.4	9.39	9.52	0.61	0.48	554.65	1389	52481
0.5	9.36	9.45	0.64	0.55	551.50	1564	52339
0.6	9.33	9.39	0.67	0.61	548.58	1744	52261
0.7	9.32	9.34	0.68	0.66	545.99	1896	52274
0.8	9.32	9.28	0.68	0.72	542.94	2035	52302
0.9	9.31	9.22	0.69	0.78	540.78	2129	52374
1.0	9.31	9.16	0.69	0.84	538.24	2236	52474

由表 6-5 可得如下结论。

结论 6.9:地方规制下,随着政府对货主码头经营者关注程度的增加,公用码头的费率、货主码头的费率、公用码头的投资、货主码头的利润呈上升趋势;货主码头的投资、港口的总投资也下降、公用码头和货主码头的差异化程度、港口服务总需求呈下降趋势,而社会总福利呈先下降后上升的趋势。

(3) $\theta_2=70$ 时,港口服务需求对价格的敏感程度 a 的变化给港口经营及社会福利带来的变动如表 6-7 所示。

表 6-6　a 的变化对 f^1_{LG3}、f^2_{LG3}、S^1_{LG3}、S^2_{LG3}、S_{LG3}、Δt^1_{LG3}、Δt^2_{LG3}、$t^{1'}_{LG3}$、$t^{2'}_{LG3}$、D_{LG3}、π_{LG3}和 W_{LG3} 的影响

a	f^1_{LG3}	f^2_{LG3}	S^1_{LG3}	S^2_{LG3}	S_{LG3}
1	85.28	89.07	56.24	67.81	124.05
2	80.84	83.15	43.33	54.10	97.43
3	77.82	79.12	33.10	43.28	76.38
4	75.67	76.23	24.62	34.48	59.10
5	74.10	74.13	17.37	27.29	44.66
6	72.96	72.61	11.07	21.55	32.62
7	72.17	71.56	5.59	17.41	23.00
8	71.71	70.94	1.27	15.43	16.70
9	71.43	70.25	1.20	13.82	15.02
10	70.08	69.31	1.08	12.75	13.83

a	Δt^1_{LG3}	Δt^2_{LG3}	$t^{1'}_{LG3}$	$t^{2'}_{LG3}$	D_{LG3}	π_{LG3}	W_{LG3}
1	8.14	8.66	1.86	1.34	703.64	4330	252310
2	8.90	9.15	1.10	0.85	623.37	2605	99950
3	9.36	9.45	0.64	0.55	551.50	1564	52340
4	9.64	9.65	0.36	0.35	484.39	942	30260
5	9.82	9.78	0.18	0.22	419.90	531	18110
6	9.93	9.86	0.07	0.14	356.42	257	10790
7	9.98	9.91	0.02	0.09	292.23	117	6160
8	9.99	9.93	0.01	0.07	225.05	53	3180
9	9.99	9.94	0.01	0.06	160.00	−63	1410
10	9.99	9.95	0.01	0.05	101.80	−185	480

由表 6-6 可得如下结论。

结论 6.10：地方规制下，随着港口服务需求对价格的敏感程度的增加，公用码头和货主码头的费率、公用码头和货主码头的投资、港口总投资、港口服务总需求、货主码头的利润、社会总福利均呈下降趋势；而公用码头和货主码头的差异化程度呈上升趋势。

6.4　规制模式的比较

为了分析考虑港口投资和改变经营差异化程度的情况下中央规制模式和地方规制模式对港口经营和社会福利的影响，本章就港口经营者装卸服务边际成本、港

口经营者利润在政府目标中的相对权重、港口需求对价格的敏感程度这三个参数变化对两种规制模式下港口费率、港口总投资(总面积)、港口经营差异化程度、港口经营者的利润、港口需求和社会总福利进行对比。

6.4.1　港口经营者装卸边际成本对规制模式的影响

本节单独考察当港口经营者装卸服务边际成本发生变化时，两种规制模式对港口费率、港口总投资、港口经营差异化程度、港口经营者的利润、港口需求和社会总福利的影响。

这里 $a=3$，$D_0=800$，$\tau=0.5876$，$\alpha=0.5$，而 θ、θ_2 在 64～72 之间变化，比较结果如图 6-5～图 6-10 所示。

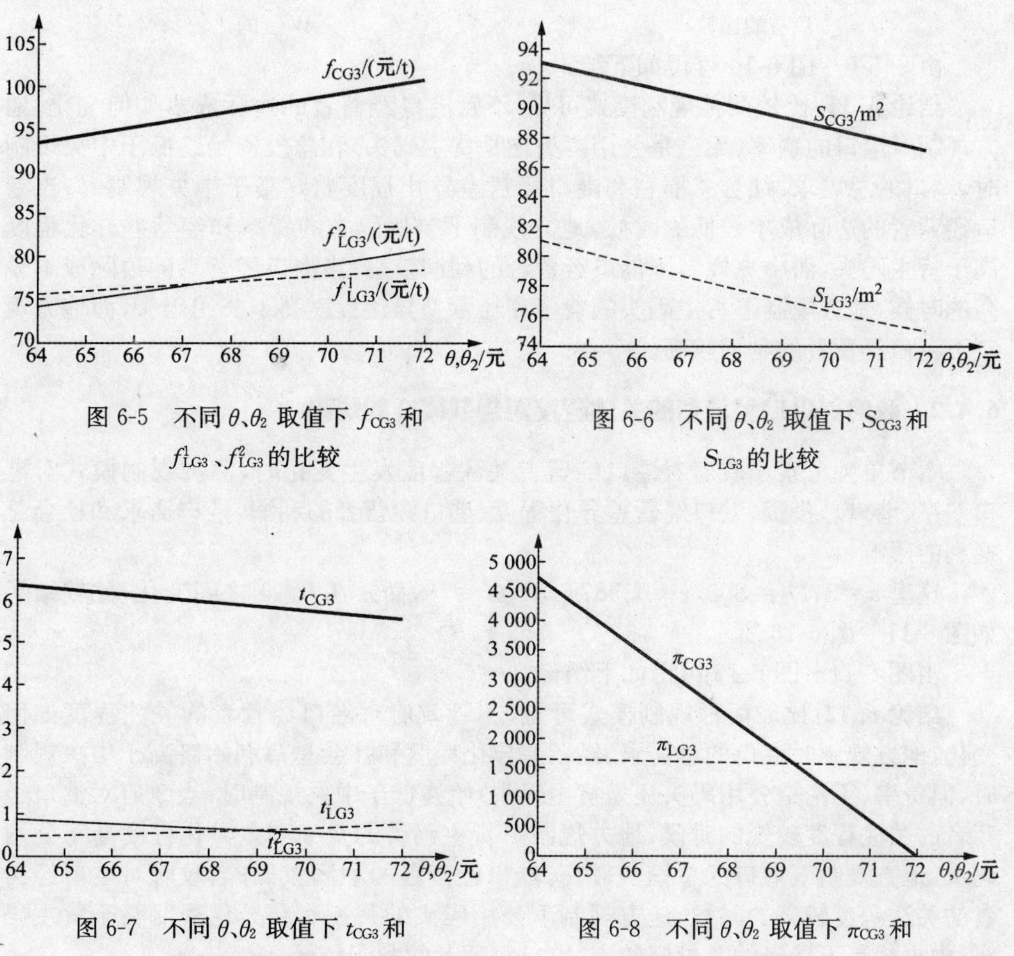

图 6-5　不同 θ、θ_2 取值下 f_{CG3} 和 f^1_{LG3}、f^2_{LG3} 的比较

图 6-6　不同 θ、θ_2 取值下 S_{CG3} 和 S_{LG3} 的比较

图 6-7　不同 θ、θ_2 取值下 t_{CG3} 和 t^1_{LG3}、t^2_{LG3} 的比较

图 6-8　不同 θ、θ_2 取值下 π_{CG3} 和 π_{LG3} 的比较

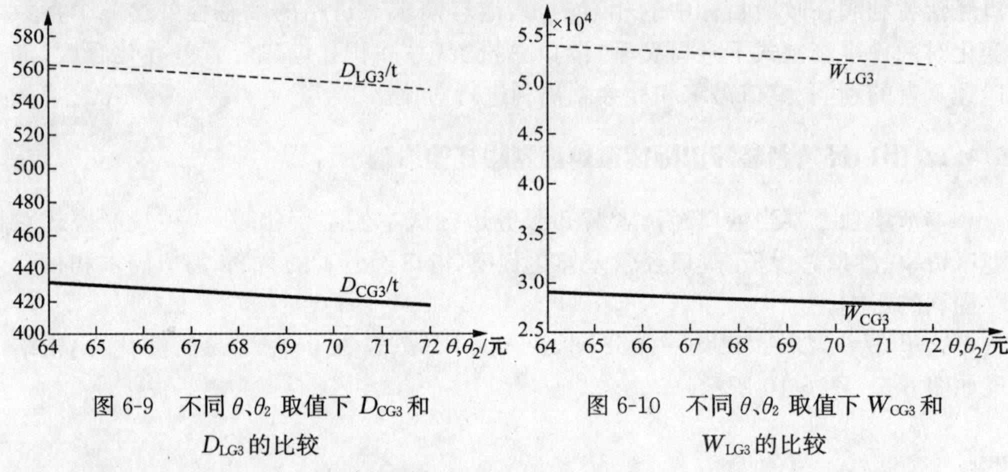

图 6-9　不同 θ、θ_2 取值下 D_{CG3} 和 D_{LG3} 的比较

图 6-10　不同 θ、θ_2 取值下 W_{CG3} 和 W_{LG3} 的比较

由图 6-5～图 6-10 可得如下结论。

结论 6.11:比较两种规制模式可见,不管港口经营者的边际成本如何变化,地方规制时港口的费率(无论是公用码头还是货主码头)和总投资始终低于中央规制时,港口的总需求、社会总福利和港口经营差异化程度始终高于中央规制时;当港口经营者的边际成本较低的时候,地方规制下公用码头的费率和经营差异化程度高于货主码头,而中央规制下港口经营者的利润较高;当港口经营者的边际成本较高的时候,地方规制下货主码头的费率和经营差异化程度高于公用码头,而地方规制下港口经营者的利润较高。

6.4.2　政府对港口经营者的关注程度对规制模式的影响

本节单独考察当政府对港口经营者关注程度发生变化时,两种规制模式对港口费率、港口总投资、港口经营差异化程度、港口经营者的利润、港口需求和社会总福利的影响。

这里 $a=3$, $D_0=800$, $\tau=0.5876$, $\theta=\theta_2=70$,而 α 在 0～1 之间变化,比较结果如图 6-11～图 6-16 所示。

由图 6-11～图 6-16 可得如下结论。

结论 6.12:比较两种规制模式可见,不管政府对港口经营者的关注程度如何变化,地方规制时港口的总需求、经营差异化程度和社会总福利始终高于中央规制时,但费率(无论是公用码头还是货主码头)始终低于中央规制时;当政府对港口经营者的关注程度较低的时候,地方规制下货主码头的费率和差异化程度高于公用码头,地方规制下港口的总投资较高,港口经营者的利润较低;当政府对港口经营者的关注程度较高的时候,地方规制下公用码头的费率和差异化程度高于货主码头,中央规制下港口的总投资较高,港口经营者的利润较低。

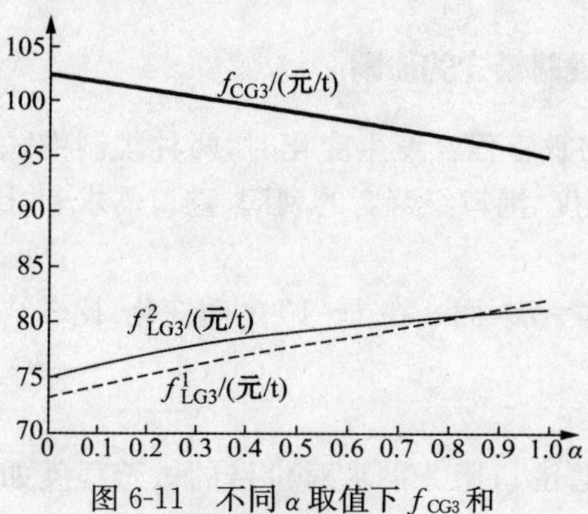

图 6-11　不同 α 取值下 f_{CG3} 和 f^1_{LG3}、f^2_{LG3} 的比较

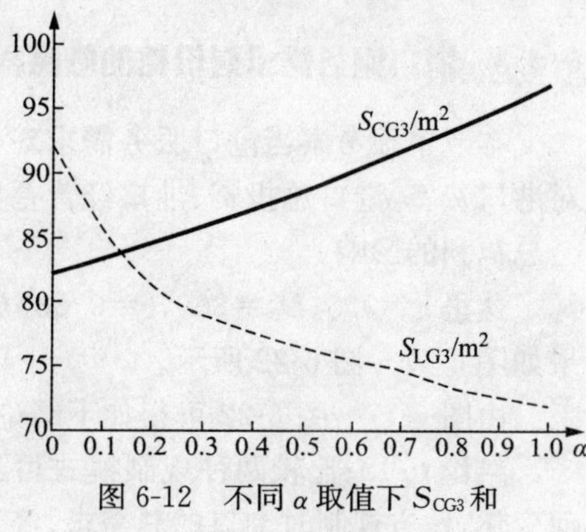

图 6-12　不同 α 取值下 S_{CG3} 和 S_{LG3} 的比较

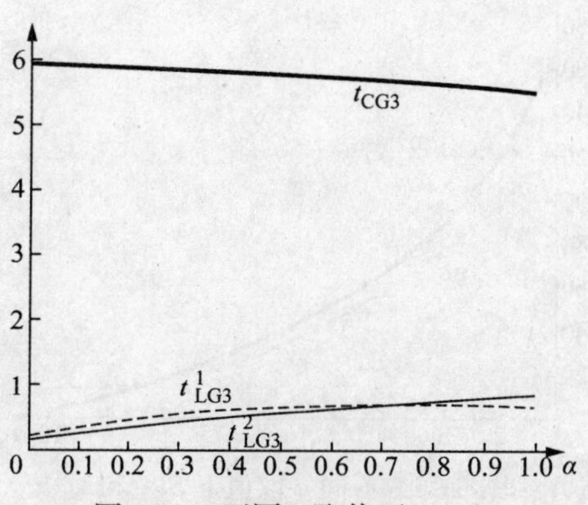

图 6-13　不同 α 取值下 t_{CG3} 和 t^1_{LG3}、t^2_{LG3} 的比较

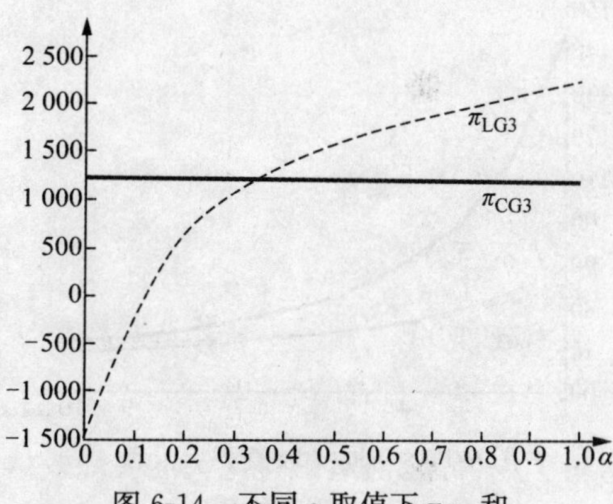

图 6-14　不同 α 取值下 π_{CG3} 和 π_{LG3} 的比较

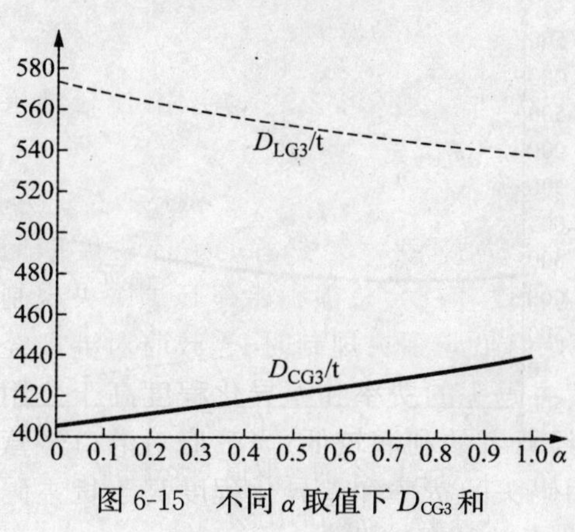

图 6-15　不同 α 取值下 D_{CG3} 和 D_{LG3} 的比较

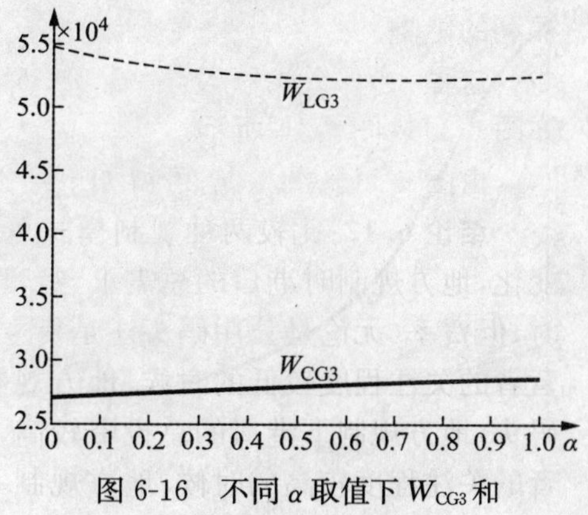

图 6-16　不同 α 取值下 W_{CG3} 和 W_{LG3} 的比较

6.4.3 港口服务需求对价格的敏感程度对规制模式的影响

本节单独考察当港口服务需求对价格的敏感程度发生变化时，两种规制模式对港口费率、港口总投资、港口经营差异化程度、港口经营者的利润、港口需求和社会总福利的影响。

这里 $\alpha=0.5$，$D_0=800$，$\tau=0.5876$，$\theta=\theta_2=70$，而 a 在 1～10 之间变化，比较结果如图 6-17～图 6-22 所示。

由图 6-17～图 6-22 可得如下结论。

结论 6.13：比较两种规制模式可见，不管港口服务需求对价格的敏感程度如何变化，地方规制时港口的总需求、经营差异化程度和社会总福利始终高于中央规

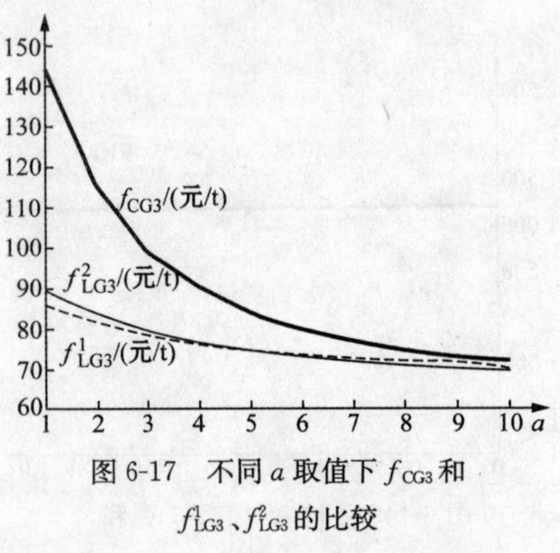

图 6-17 不同 a 取值下 f_{CG3} 和 f^1_{LG3}、f^2_{LG3} 的比较

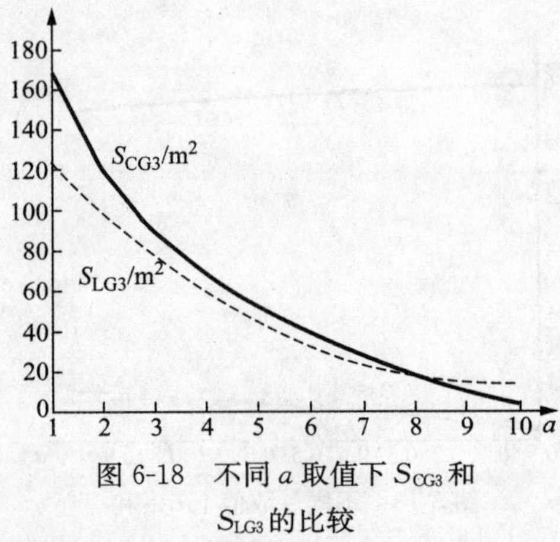

图 6-18 不同 a 取值下 S_{CG3} 和 S_{LG3} 的比较

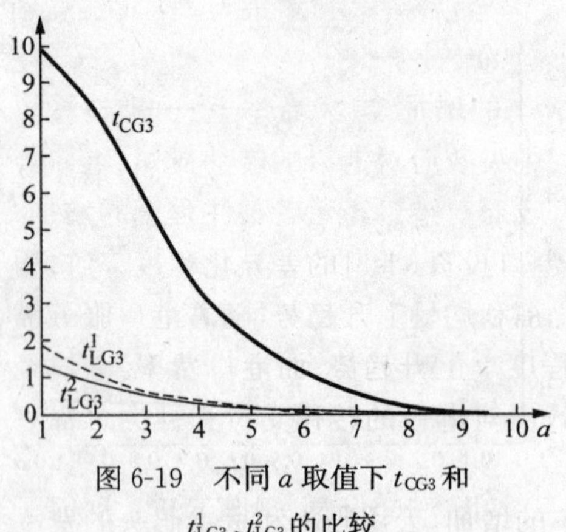

图 6-19 不同 a 取值下 t_{CG3} 和 t^1_{LG3}、t^2_{LG3} 的比较

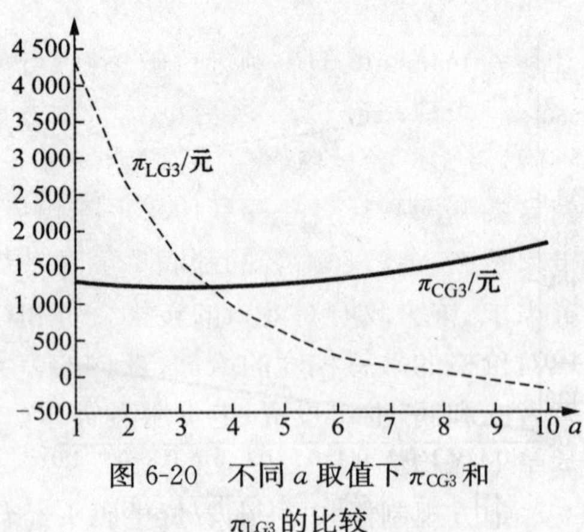

图 6-20 不同 a 取值下 π_{CG3} 和 π_{LG3} 的比较

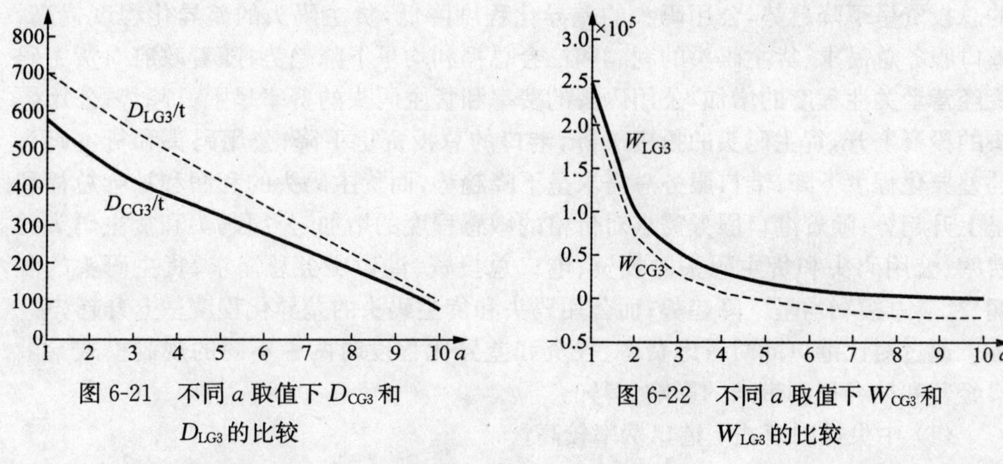

图 6-21　不同 a 取值下 D_{CG3} 和 D_{LG3} 的比较

图 6-22　不同 a 取值下 W_{CG3} 和 W_{LG3} 的比较

制时，但费率（无论是公用码头还是货主码头）始终低于中央规制时；当港口服务需求对价格的敏感程度较低的时候，地方规制下货主码头的费率和差异化程度高于公用码头，中央规制下港口的总投资较高，港口经营者的利润较低；当港口服务需求对价格的敏感程度较高的时候，地方规制下公用码头的费率和差异化程度高于货主码头，地方规制下港口的总投资较高，港口经营者的利润较低。

6.5　本章小结

本章对第 5 章的模型再次进行拓展，讨论了同时考虑投资和差异化程度时港口的费率、投资和经营差异化规制模型，得出了中央规制和地方规制这两种规制模式下港口费率、投资和经营差异化的规制准则，并就各种因素对港口费率、投资和经营差异化程度的影响进行敏感性分析，指出：

中央规制模式下，随着港口经营者边际成本的增加，港口费率上升，港口投资下降，港口的差异化程度上升，港口服务需求、中央政府对港口的转移支付、港口经营者的利润和社会总福利均呈下降趋势；随着政府对港口经营者关注程度的增加，港口费率、港口经营者的利润呈下降趋势，但港口投资、港口的差异化程度、港口服务需求、中央政府对港口的转移支付和社会总福利均呈上升趋势；随着港口服务需求对价格的敏感程度的增加，港口的差异化程度呈上升趋势；而港口费率、港口经营者的利润、港口投资、港口服务需求、中央政府对港口的转移支付和社会总福利均呈下降趋势。

地方规制模式下，随着货主码头经营成本的增加，公用码头和货主码头的费率均呈上升趋势，公用码头的投资呈上升趋势，货主码头的投资呈下降趋势，但港口的总投资呈下降趋势，公用码头的差异化程度降低，货主码头的差异化程度提高，港口服务总需求、货主码头的利润和社会总福利均呈下降趋势；随着政府对货主码头经营者关注程度的增加，公用码头的费率和货主码头的费率呈上升趋势；公用码头的投资上升，货主码头的投资下降，港口的总投资也下降；公用码头和货主码头的差异化程度下降；港口服务总需求呈下降趋势，而货主码头的利润和社会总福利呈上升趋势；随着港口服务需求对价格的敏感程度的增加，公用码头和货主码头的费率、公用码头和货主码头的投资、港口总投资、港口服务总需求、货主码头的利润、社会总福利均呈下降趋势；而公用码头和货主码头的差异化程度呈上升趋势。

通过对比港口同时考虑费率、投资和差异化程度时两种不同的规制模式给港口经营和社会福利带来的影响，得知：

(1) 中央规制模式下港口费率较高；

(2) 规制模式的变化对港口投资的影响不定；

(3) 地方规制模式下港口的差异化程度较高；

(4) 规制模式的变化对港口经营者的利润影响不定；

(5) 地方规制模式下港口服务需求较高；

(6) 地方规制模式下社会福利较高。

第 7 章　规制模式改变对我国港口及社会福利影响的实证分析

为了验证第 6 章关于港口规制模式改变对港口经营及社会福利的影响，本章以我国港口在 2002 年改制前后的历史数据为基础，以统计方法分析体制因素的显著性。港口经营者的利润为企业的商业秘密，本书无法获得这方面的数据，故本书就港口规制模式改变对港口费率、港口投资、港口的差异化程度、港口服务需求和港口所产生的社会福利这五方面的影响做实证分析。

7.1　港口规制模式改变对港口费率的影响

7.1.1　基础数据的修正

由于港口货种繁多，各类货物的装卸费率制定标准也不尽相同，因此很难得到港口装卸服务的一般费率。而集装箱装卸费率采用包干费的形式，较一般的散杂货简便，因此本章以集装箱装卸费率为例考察我国港口规制模式改变对港口费率的影响。对于集装箱装卸费率而言，1997～2001 年我国港口处于交通部的直接管辖之下，执行部颁费率，20 英尺集装箱包干费率为 370 元，严重低于周边其他国家港口的集装箱装卸费率，仅为日本港口的 30％和香港的 50％，因此交通部于 2002 年改制时大幅提高了 20 英尺集装箱装卸的参考包干费率，为 425.5 元，而各港在此基础上有上下浮动 20％的自由（马东民，2002；肖翔，杨头平，2005；杨头平，2003）[168,188,192]。因此在 2003 年时，大多数港口为了吸引货源，采取了对部颁基础费率下浮 10％的策略。随着船公司对港口服务需求的迅猛增长，各港口又采取了不断提高费率的策略，于 2004 年基本恢复了部颁基础费率，2005～2008 年又在此基础上上浮 10％，以求增加其经营利润（刘文忠，2007；肖翔，杨头平，2005）[166,188]。加上考虑各年份通货膨胀因素①的影响，经过综合测算，本书得出 1997～2008 年我国港口 20 英尺集装箱的实际包干费率如图 7-1 所示。

---

① 具体数据见附录。

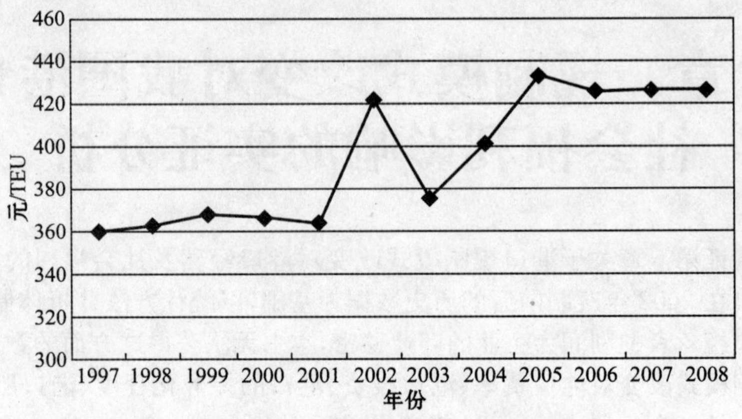

图 7-1 1997～2008 年我国港口 20 英尺集装箱实际包干费率

7.1.2 回归分析的结果

从上述港口费率变化的描述中可见，除了体制因素外，另一个影响我国港口费率变化的重要因素是各船公司对港口服务的需求。对此，本章用港口集装箱吞吐量来反映。由于各港口的集装箱费率差异不大，因此本章考察 1997～2008 年我国港口 20 英尺集装箱实际包干费率(freight)与同期我国港口集装箱吞吐量总量[①](conthroughput)和规制模式(system)之间的关系，其中规制模式(system)为哑变量(Dummy Variable)，system＝1 表示中央规制模式，system＝2 表示地方规制模式，下同。回归结果如下：

$$\text{freight} = \underset{(24.05)^{***}}{385.30} - \underset{(-2.55)^{**}}{52.06} \times \text{system} + \underset{(4.48)^{***}}{0.023} \times \text{conthroughput}$$

$$R^2=0.83 \qquad F=15.09^{***}$$

上述回归方程中，* 表示 10%水平下显著，**表示 5%水平下显著，***表示 1%水平下显著，括号中为各估计参数的 t 统计量，下同。

7.1.3 结论

从上述回归方程可见：引起我国港口费率增长的因素为不断增加的港口服务需求；而规制模式(system)前面的系数为负，表示中央规制模式向地方规制模式的改变给港口费率带来的影响是下降。

---

① 具体数据见附录。

7.2 港口规制模式改变对港口投资的影响

7.2.1 港口投资额的确定

由于无法准确获得各年份各港口的投资额,因此本节考察我国港口投资总额是否受港口规制模式改变的影响。

7.2.2 回归分析的结果

随着各港口吞吐量的不断增长,港口的设施特别是码头泊位的数量无法满足用户的需求。因此港口吞吐量的增长对港口的投资会有重要的推动作用。对此,本章考察1997～2008年我国港口投资总额[①](investment)与同期我国港口吞吐量总量[②](totalthroughput)和规制模式(system)之间的关系。

$$\text{investment} = -774\,705 - 459\,784 \times \text{system} + 13.58 \times \text{totalthroughput}$$

$$(-2.16)^{*} \quad (-1.03) \quad (5.63)^{***}$$

$$R^2 = 0.93 \qquad F = 41.53^{***}$$

7.2.3 结论

从上述回归方程可见:我国港口投资快速增长的原因为港口吞吐量的增长,也即我国国民经济和贸易的迅猛发展对港口运输服务的迫切需求,而港口规制模式的改变对港口投资的影响并不明显(港口规制模式变量system的系数的回归结果在统计上不显著)。

7.3 港口规制模式改变对港口差异化程度的影响

7.3.1 港口差异化程度的表示

港口差异化程度可由多方面得以反映,比如港口装卸效率、货物通关速度、港口仓储能力、港口航线的数量和覆盖面、港口装卸的货物种类等等。由于港口货种繁多,各类货物的装卸效率、仓储能力等没有可比性,因此本章选用港口航线的数量来反映港口差异化程度。

---

① 具体数据见附录。

② 具体数据见附录。

7.3.2 回归分析的结果

随着各港口所在地区经济贸易的不断发展，对港口运输的要求也在不断提高，要求港口开辟更多的直达航线。因此除了体制因素外，各港口所在地区经济贸易的水平(用 GDP 来反映)也会影响各港口的航线数。对此，本章考察 1997～2008 年我国吞吐量排名前 10 位的各港口的航线数[①](line)与同期这些港口所在地的国内生产总值[②](GDP)和规制模式(system)之间的关系。下式中除 system 外，port 也是哑变量，分别为 1，2，…，10，为各港口的排列序号，下同。

$$\text{line} = -27.26 + 216.02 \times \text{system} + 0.16 \times \text{GDP} - 9.78 \times \text{port}$$

$$(-0.48) \quad (6.72)^{***} \quad (14.06)^{***} \quad (-1.59)^{*}$$

$$R^2 = 0.86 \qquad F = 180.61^{***}$$

7.3.3 结论

从上述回归方程可见：各港口的航线数和其所在地的 GDP 及规制模式正相关，表示中央规制模式向地方规制模式的改变使港口航线数增加，港口差异化程度提高。

7.4 港口规制模式改变对港口服务需求量的影响

7.4.1 港口服务需求量的表示

各港口的服务需求量用港口吞吐量来反映。

7.4.2 回归分析的结果

除了体制因素外，各港口所在地区经济贸易的水平也会影响各港口的需求。对此，本章考察 1997～2008 年我国吞吐量排名前 10 位的各港口的吞吐量[③](throughput)与同期这些港口所在地的国内生产总值(GDP)和规制模式(system)之间的关系。

---

① 具体数据见附录。
② 具体数据见附录。
③ 具体数据见附录。

$$throughput = 5\,829.64 + 5\,004.54 \times system + 2.31 \times GDP - 996.13 \times PORT$$
$$(4.60)^{***} \quad (6.91)^{***} \quad (9.05)^{***} \quad (-7.21)^{***}$$
$$R^2 = 0.84 \qquad F = 152.97^{***}$$

7.4.3 结论

从上述回归方程可见:各港口的需求与其所在地的GDP及规制模式正相关,表示中央规制描述向地方规制模式的改变使港口需求量增加。

7.5 港口规制模式改变对社会福利的影响

7.5.1 社会福利的表示

对于社会福利水平而言,通常用消费者剩余和生产者利润之和来表示。但由于港口的货种众多,影响港口各货种装卸需求量的因素复杂,很难统一估算出港口的需求费率函数。此外港口的利润资料很难获取,故必须考虑使用其他的方法来代替。

技术效率(Technical Efficiency)是指实际产出水平与在相同的投入规模、投入比例及市场价格条件下所能达到的最大产出量的百分比(Leibenstein,1966)[81],通常用来反映企业或行业在相同投入下实际产出与理想产出(最大可能性产出)的比率,表示企业或行业的实际生产活动接近前沿面的程度。对于港口产业而言,港口的技术效率关系到用户的时间成本,影响地区和国家的贸易状况和物流的畅通。此外,港口的投资和生产在部分程度上具有基础设施的性质,对于港口所在地区和国家的竞争力有着直接的影响。因此,港口的技术效率可以在一定程度上反映港口给地区和国家带来的社会福利的状况(Cullinane 等,2002; Tongzon,2001; Turner等,2004)[34,117,121]。

7.5.2 技术效率的测定方法选择

对技术效率的测定最先由Farrel(1957)和Afriat(1972)提出[1,41],到现在基本上发展为两类方法,一类是参数方法,另一类是非参数方法。非参数方法以Charnes,Cooper和Rhodes(1978)提出的数据包络分析(DEA,Data Envelopment Analysis)为代表[30],其特点是没有明确的函数形式,而是构造出包络整个观测样本点的生产前沿面,并由此评估相对的技术效率。与之相对应,参数方法以随机前沿分析(SFA,Stochastic Frontier Analysis)为代表,分别由Aigner,Lovell和Schmidt(1976,1977),Meeuser和Van den Broeck(1977)独立发展而成[2,3,89]。在此基础上，Battese 和 Coelli(1992)结合面板数据模型(Panel Data Model)对随机前沿分析进行拓展[13]。Battese 和 Coelli(1992,1993,1995)提出了两种基于面板数据的对数形式的随机前沿生产函数，并被广泛用于评估技术效率[13,14,15]。

对于上述 DEA 和 SFA 两种方法的优劣，Bauer 等(1998)、Kohers 等(2000)、Reinhard 等(2000)、何元庆(2006)、徐琼(2005)等人在比较两者的分析结果后得出结论[16,60,102,154,191]：在模型设定合理的条件下，基于面板数据的随机前沿模型比 DEA 的估计效率更好。本书以 1997～2005 年全国吞吐量排名前 10 位港口的面板数据为统计样本，因此选用随机前沿模型作为测算港口技术效率的工具。

7.5.3 随机前沿分析模型概述

随机前沿分析的基本模型如下：

$$Y_{it} = f(X_{it};\beta)\exp(v_{it} - u_i);\ i = 1,2,\cdots,N;\ t = 1,2,\cdots,T$$

其中 Y_{it} 为第 i 个企业在时刻 t 的产出；X_{it} 为第 i 个企业在时刻 t 的投入向量；β 为相应的待估参数。误差项为复合结构，第一部分 v_{it} 为随机误差项，服从标准对称正态分布，即 $v_{it} \sim N(0,\sigma_v^2)$；第二部分 $u_i \geqslant 0$，用来表示那些仅对某个体企业所具有的冲击，就是其技术的非效率，通常假设 u_i 服从的随机分布有：半正态分布(Half-normal)、指数分布(Exponential)、截尾正态分布(Truncated Normal)和伽马分布(Gamma)。该个体的技术效率状态 $EFF_{it} = \dfrac{E(Y_{it} \mid u_i, X_{it})}{E(Y_{it} \mid u_i = 0, X_{it})} = \exp(-u_i)$，$0 \leqslant EFF_{it} \leqslant 1$。如 $u_i = 0$，说明企业位于生产前沿之上，如果 $u_i > 0$，则标明企业位于生产前沿下方，处于非效率技术状态。

7.5.4 港口技术效率的计算

本书采用 Battese (1992)和 Coelli(1993)提出的基于面板数据的对数形式随机前沿生产函数作为港口技术效率的计算模型[13,14]。以 1997～2005 年全国吞吐量排名前 10 位的港口面板数据为基础，以 C-D 函数作为其具体形式。

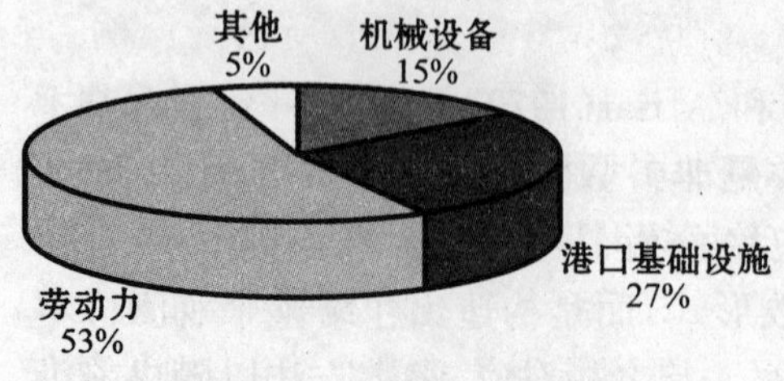

图 7-2 港口投入构成

资料来源：文献[34,36,94,109,110,115]

对于港口生产的投入而言，从图 7-2 可以看出，主要由劳动力、港口基础设施和机械设备构成(Cullinane 等，2002；Dowd 和 Leschine，1990；Notteboom，2000；Schmidt，1996；Song 和 Cullinane，2001；Tongzon，1995)[34,36,94,109,110,116]。在港口基础设施的投资中，码头泊位的建设又占了绝大部分。现今各港口的泊位建设主要分万吨级以上和万吨级以下两大类，两类泊位的产出不同，万吨级以上泊位现已成为各大型港口的主要建设项目。而港口各货种装卸所使用的机械设备效率差别很大，不能以数量来进行比较。故本章把劳动力、港口每年新建投产的泊位总数和万吨级以上泊位数作为港口生产函数的投入项。对于港口的产出而言，主要是货物的装卸服务，因此本章用各港口的吞吐量总量来反映(Cullinane 等，2002；Notteboom，2000；Song 和 Cullinane，2001)[34,94,110]。

港口技术效率的随机前沿生产函数模型表示如下：

$$\ln(TR_{it}) = \beta_0 + \beta_1 \ln(BE_{it}) + \beta_2 \ln(TEN_{it}) + \beta_3 \ln(FA_{it}) + \varepsilon_{it}$$

式中

$$\varepsilon_{it} = v_{it} - u_{it} \tag{7.1}$$

$$EFF_{it} = \exp(-u_{it}) \tag{7.2}$$

$$u_{it} = \{\exp[-\eta(t-T)]\}u_i \tag{7.3}$$

$$\gamma = \sigma_u^2/\sigma^2, \sigma^2 = \sigma_u^2 + \sigma_v^2 \tag{7.4}$$

式(7.1)～(7.4)中：TR_{it} 为第 i 个港口在年份 t 的吞吐量，作为产出，BE_{it} 为第 i 个港口在年份 t 的总的泊位数，TEN_{it} 为第 i 个港口在年份 t 的万吨级泊位数，FA_{it} 为第 i 个港口在年份 t 的员工数，上述三者为投入。β_0、β_1、β_2、β_3 为相应的待估参数。$i = 1,2,\cdots,10$ 为各港口的排列序号；$t = 1,2,\cdots,12$ 为 1997～2008 各年份的排列序号。

式(7.1)中 v_{it} 服从相互独立的对称正态分布 $v_{it} \sim N(0,\sigma_v^2)$，表示港口系统的外部影响因素和一些数据上的统计误差；u_{it} 服从相互独立的半正态分布 $u_{it} \sim |N(\mu,\sigma_u^2)|$，反映第 i 个港口在年份 t 的技术无效水平，v_{it} 和 u_{it} 相互独立。

此外，式(7.2)$EFF_{it} = \exp(-u_{it})$ 表示样本中第 i 个港口在年份 t 的技术效率情况。式(7.3) 描述时间因素对技术非效率 u_{it} 的影响，η 是一未知的待估参数，当 $\eta > 0$ 时，$\exp[-\eta(t-T)]$ 将以递增的速率下降，也就是说技术效率随时间的推移会以递增的速率降低；当 $\eta < 0$ 时，$\exp[-\eta(t-T)]$ 将以递增的速率增加，也即技术效率随时间的推移会以递增的速率增大。当 $\eta = 0$ 时，$\exp[-\eta(t-T)]$ 保持不变，各港口的技术效率不随时间的不同而变化。

式(7.4)中，γ 也是待估计的参数，表示随机扰动项中技术无效所占的比例。当 γ 接近于 1 时，说明模型中的误差主要来源于 u_{it}，也就是说此时生产单元的实际产出与前沿产出之间的差距主要来源于技术无效所引起的损失；当 γ 接近于 0 时，则表明实际产出与可能最大产出的差距主要来自统计误差等外部影响因素。如果 $\gamma = 0$，则表示 $\sigma_u^2 \to 0$，进一步可推理得到误差项 $\varepsilon_{it} = v_{it}$。在统计检验中，如果 $\gamma = 0$，这一原假设被接受，即说明所有港口的生产点都位于生产前沿曲线上，则无须使用 SFA 技术来分析这一交叉数据，直接运用最小二乘法(OLS) 方法即可。如果这一假设不被接受，则必须使用最大似然法(MLE)。在整个过程中，对 $\gamma = 0$，这一原假设使用似然比检验是非常关键的一步。假设 $H_0:\gamma=0$，也即假设该港口技术有效；$H_1:\gamma>0$，也即假设该港口存在技术无效。利用极大似然统计检验得到统计量：$LR=-2\ln[L(H_0)/L(H_1)]$，其中 $L(H_0)$、$L(H_1)$ 分别为 $H_0:\gamma=0$ 和 $H_1:\gamma>0$ 两种假设检验条件下的极大似然函数值。统计量 LR 服从混合卡方分布（Mixed Chi-Square Distribution）。

在模型的估计中，首先对模型进行普通最小二乘估计，得到待估参数 β_0、β_1、β_2、β_3。然后，利用二阶段格点搜索，通过修正的最小二乘法来估计 σ^2，并对待估参数 β_0、β_1、β_2、β_3 进行调整，最后用上述估计调整值作为起始值，利用 Davidon-Fletcher-Powell Quasi-Newton 法（DFPQ）进行迭代计算，得到各参数的最大似然估计值。

本章以 1997～2008 年全国吞吐量排名前 10 位港口的相关数据为基础①，运用随机前沿分析的专用软件 FRONTIER 4.1 对港口技术效率的随机前沿生产函数进行估计，有关参数的估计结果见表 7-1，相应各港口各年份的技术效率的计算结果如图 7-3 所示。

表 7-1 随机前沿生产函数模型参数的估计结果

变量	参数	系数	标准差	t 统计值
截距	β_0	5.8599	0.9936	5.8874***
ln(*BE*)	β_1	0.13	0.0241	5.3883***
ln(*TEN*)	β_2	0.2952	0.0936	3.1538***
ln(*FA*)	β_3	0.2426	0.031	7.8272***
	σ^2	0.1006	0.0714	1.4092*
	γ	0.6058	0.0711	8.519***
	μ	−0.0407	0.0098	−4.1700***
	η	0.2331	0.1542	1.5117*
对数似然函数		7.5223**		
LR		92.3855***		

注：*表示 10%水平下显著；**表示 5%水平下显著；***表示 1%水平下显著；*LR* 为似然比统计检验量，此处服从混合卡方分布（Mixed Chi-Square Distribution）。

① 具体数据见附录。

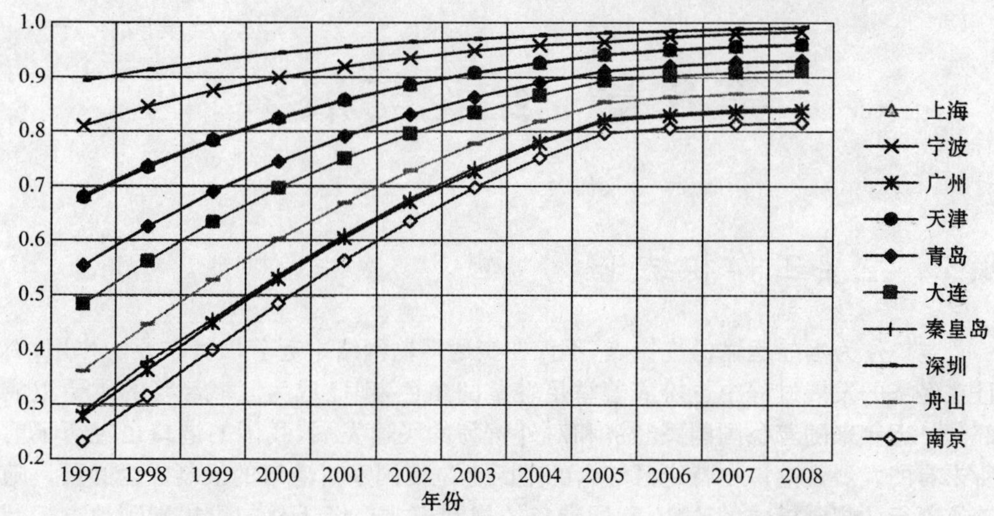

图 7-3　1997～2008 年全国吞吐量排名前 10 位港口的技术效率

7.5.5　回归分析的结果

除了体制因素外，各港口所在地区经济贸易的水平也会影响社会福利水平。对此，本章考察 1997～2008 年我国吞吐量排名前 10 位的各港口所产生的社会福利水平(welfare)，即各港口的技术效率水平与同期这些港口所在地的国内生产总值(GDP)和规制模式(system)之间的关系。

$$welfare = 0.52 + 0.18 \times system + 2.16 \times 10^{-5} \times GDP - 0.01 \times port$$
$$(8.45)^{***} \quad (4.94)^{***} \qquad (1.73)^{*} \qquad (-2.12)^{**}$$
$$R^2 = 0.40 \qquad F = 19.20^{***}$$

7.5.6　结论

从上述回归方程可见：各港口所产生的社会福利水平与 GDP 及规制模式正相关，表示中央规制模式向地方规制模式的改变使港口所产生的社会福利水平上升。

7.6　本章小结

本章以 1997～2008 年我国港口吞吐量排名前 10 位港口的面板数据以及相关的国家经济和运输数据为基础，运用回归和随机前沿分析等统计方法就我国港口规制模式的改变对港口经营和社会福利的影响进行实证分析，结果验证了本书关于港口规制模式的改变对港口各方面影响的理论模型。

第 8 章　结论与展望

8.1　主要工作和结论

港口作为水陆运输的连接点，不仅在交通运输网络中起着极其重要的作用，而且在经济的发展过程中也扮演着举足轻重的角色，现已成为区域经济的重要组成部分。近年来随着我国国民经济和对外贸易的飞速发展，我国的港口也经历了前所未有的发展。港口在特定区域内的垄断地位使国家对港口的规制成为必要。随着垄断行业规制模式的改变，我国港口的规制模式也经历从中央规制到地方规制的改变，对我国港口、国民经济乃至整个社会的发展产生了深远的影响，但港口规制方面一直未有系统的研究成果。对此，本书在建立港口规制分析框架的基础上，就全文统一的港口规制模型，通过逐步增加规制决策变量的方法对港口规制模型进行扩展，并对港口费率、投资和经营差异化这三方面的规制进行研究。

本书以委托代理理论和动态博弈方法为基础，主要的研究工作包括如下内容：

(1) 根据国内外港口管理体制改革历程，总结出两种主要的港口规制模式：中央模式和地方模式。通过对两种港口规制模式的特点对比，指出影响港口规制模式的主要因素有港口的技术条件、规模、经营范围和政府对港口经营者的关注程度。在此基础上，提出港口规制的主要内容有费率、投资和经营差异化程度这三个方面。

(2) 建立了全文统一的港口规制模型。在港口投资和经营差异化程度既定的情况下，得出了两种港口规制模式下港口费率的规制准则，并详细分析了两种规制模式下各因素对港口规制效果的影响。通过对两种港口规制模式下港口经营和社会福利的比较得知：在港口投资和经营差异化程度既定的情况下：①多数情况下，货主码头的费率要高于公用码头费率（不管是中央规制还是地方规制），但规制模式对公用码头的费率影响不定；②多数情况下，港口经营者偏好地方规制模式，因为在该模式下港口经营者的利润较高；③多数情况下，中央规制模式下港口的服务需求量较高；④规制模式对社会福利的影响不定。

(3) 对港口投资和经营差异化程度既定下的港口规制模型进行扩展，放松了港口投资不变这个前提。在考虑港口投资的情况下，建立了两种港口规制模式下港口费率和投资的规制准则，并详细分析了考虑港口投资时两种规制模式下各因素对港口规制效果的影响。通过对两种港口规制模式下港口经营和社会福利的比较得知,考虑港口投资时:①规制模式对港口费率的影响不定;②地方规制模式下港口的总投资较大,因此地方规制模式有利于调动港口投资的积极性;③多数情况下,港口经营者偏好地方规制模式,因为在该模式下港口经营者的利润较高;④多数情况下,地方规制时港口的服务需求量较高;⑤多数情况下,地方规制时社会福利较高。

(4) 对上述经营差异化程度既定下的港口规制模型进行再次扩展,放松了港口经营差异化程度不变这个前提。在同时考虑港口投资和改变港口经营差异化程度的情况下,建立了两种港口规制模式下港口费率、投资和经营差异化程度的规制准则,并详细分析了同时考虑港口投资和改变港口经营差异化程度时两种规制模式下各因素对港口规制效果的影响。通过对两种港口规制模式下港口经营和社会福利的比较得知,同时考虑港口投资和改变港口经营差异化程度时:①中央规制模式下港口费率较高;②规制模式的变化对港口投资的影响不定;③地方规制模式下港口的差异化程度较高;④规制模式的变化对港口经营者的利润影响不定;⑤地方规制模式下港口服务需求较高;⑥地方规制模式下社会福利较高。

(5) 以 1997～2008 年我国港口管理体制改变前后吞吐量排名前 10 位港口的面板数据以及相关的国家经济和运输数据为基础,运用回归和随机前沿分析等统计方法就我国港口规制模式的改变对港口经营和社会福利的影响进行实证分析,验证了本书关于港口规制模式的改变对港口经营和社会福利影响的理论模型。

本书的创新点主要体现在三个方面:①建立了分析港口规制模式的总体框架,并指出影响港口规制模式的因素和港口规制的主要内容;②构建了基于动态博弈理论的港口规制模型,并运用委托代理理论和动态博弈方法进行求解;③得出了符合中国港口实际情况的结论,指出地方政府规制模式有利于港口产业的发展和社会福利的提高。

8.2 进一步研究工作的展望

现代港口所处的交通运输系统是一个巨系统,影响因素众多,变化复杂。因此,本书只是相关研究的一个初步尝试,对港口规制模式的效果及其比较还需要从多个方面进行深入的研究。下面结合本书的研究,将笔者在研究过程中发现或存在的,但由于时间和本人能力的限制而没有解决或探讨的问题罗列出来,仅供对相关问题感兴趣的同仁参考。

(1) 为简化问题,本书设定的港口服务需求是确定性变量,未考虑随机因素对港口需求乃至港口规制模式的影响。而港口所处的交通运输系统的一个重要特性即为运输需求的随机性。因此分析需求不确定时港口的费率、投资和经营差异化的规制模式则具有更加重要的实际价值。

(2) 本书所讨论的规制框架是政府对某个区域内的一个港口进行规制,这与当前我国实行的"一城一港一政"的港口管理模式是相吻合的。但港口的腹地有所重复,特别对于省一级的地方政府而言,可能会面临同时存在竞争和互补关系的枢纽港和众多支线港之间的规制问题。而处理存在竞争或互补关系的寡头企业的规制问题与完全垄断企业的规制问题有所不同,必须考虑寡头企业之间的"搭便车"现象或寡头企业争用公共资源的情况。因此考虑存在竞争或互补关系的多个港口的规制问题是港口规制研究的发展方向之一。

(3) 考虑港口规制者政府和港口经营者存在合谋情况下的港口规制问题。在传统的规制理论中,规制者政府的目标被假定为社会总福利最大化。但由于政府的财政约束,利益集团的作用,政府中特定部门的内部利益等因素的影响,政府的目标可能会偏离社会总福利最大化这一通常假设,特别对处于转型经济和市场不完善环境下的发展中国家的各级政府而言则更是如此。因此规制理论将规制者与垄断企业之间可能发生的合谋及如何防范作为最新的研究方向之一。而我国正处于经济发展的转型期,所以研究具有防范合谋功能的港口规制模式则更具有现实意义。

(4) 动态环境下的港口规制问题。博弈论指出动态博弈和重复博弈可能会得到与静态博弈完全不同的结果,因而可以解决许多静态博弈中的"困境"问题。同样,动态环境下的规制较静态规制要复杂许多,也可能产生许多新的问题和完全不同的结论。因此引入动态环境,考虑多期情况下港口的规制准则及影响将是港口规制进一步研究的重点。

附录 A　实证分析中的统计数据

A1　各港口所在地历年的 GDP

单位:亿元

年份	上海	宁波	广州	天津	青岛	大连	秦皇岛	深圳	舟山	南京
1997	3002.58	900.15	1646.26	1264.63	797.70	586.12	122.97	1297.42	85.75	773.78
1998	3518.77	980.00	1841.61	1374.60	888.39	649.22	131.19	1534.73	93.56	850.24
1999	4034.96	1070.00	2056.74	1500.95	992.83	1000.08	263.00	1804.02	101.37	937.89
2000	4551.15	1191.50	2375.91	1701.88	1150.07	1110.77	285.39	2187.45	114.04	1073.54
2001	4950.84	1310.58	2685.76	1919.09	1316.08	1242.39	307.31	2482.49	126.70	1218.51
2002	5408.76	1500.30	3203.96	2150.76	1518.17	1406.10	335.66	2969.52	149.49	1385.14
2003	6250.81	1769.90	3758.62	2578.03	1780.42	1632.59	387.03	3585.72	172.27	1690.77
2004	7450.27	2158.04	4450.55	3110.97	2163.80	1850.41	453.44	4282.14	212.04	2067.18
2005	8649.73	2446.40	5154.23	3697.62	2695.82	2152.23	491.15	4926.90	272.00	2411.11
2006	10366.37	2874.44	6073.83	4359.15	3206.58	2569.67	551.47	5813.56	333.20	2773.78
2007	12188.85	3433.08	7109.18	6050.40	3786.52	3130.68	665.08	6801.57	407.10	3283.73
2008	13698.20	3964.00	8215.80	6354.40	4436.20	3858.24	808.95	7806.50	490.25	3775.00

资料来源:文献[137]

A2　各港口历年的吞吐量

单位:万吨

年份	上海	宁波	广州	天津	青岛	大连	秦皇岛	深圳	舟山	南京
1997	16397	8220	7518	6789	6916	7044	7862	3357	1384	5494
1998	16388	8707	7863	6818	7018	7515	7792	3444	1656	5279

（续表）

年份	上海	宁波	广州	天津	青岛	大连	秦皇岛	深圳	舟山	南京
1999	18641	9660	10157	7298	7257	8505	8261	4663	2082	5922
2000	20440	11547	11128	9566	8636	9084	9743	5697	3189	6679
2001	22099	12852	12823	11369	10398	10047	11302	6642	3281	5789
2002	26384	15398	15324	12906	12213	10851	11167	8767	4068	6108
2003	31621	18543	17187	16182	14090	12602	12562	11220	5722	6620
2004	37896	22586	21520	20619	16265	14516	15037	13537	7359	9589
2005	44317	26881	25036	24069	18678	17085	16900	15351	9052	10686
2006	47040	31790	30282	25760	22415	20046	20489	17368	10596	12842
2007	49227	35502	34325	30946	26502	22286	24893	19994	11834	15637
2008	50808	39036	34700	35593	30029	24588	25231	21125	13012	17149

资料来源：文献[143]

A3 各港口历年的泊位总数

年份	上海	宁波	广州	天津	青岛	大连	秦皇岛	深圳	舟山	南京
1997	143	34	94	57	40	65	27	94	48	45
1998	138	35	94	58	40	68	27	95	48	45
1999	134	30	95	60	42	71	28	96	49	47
2000	133	32	95	65	42	71	29	96	49	48
2001	133	40	99	66	43	73	29	100	47	48
2002	131	38	105	68	43	74	29	107	46	49
2003	137	46	92	68	47	175	31	109	356	50
2004	117	49	103	98	49	192	36	116	363	285
2005	121	297	455	100	52	192	41	121	385	269
2006	175	341	631	132	60	222	73	125	384	283
2007	174	350	634	142	67	226	80	131	384	300
2008	241	357	503	139	69	222	75	137	310	320

资料来源：文献[143]

A4 各港口历年的万吨级泊位数

年份	上海	宁波	广州	天津	青岛	大连	秦皇岛	深圳	舟山	南京
1997	67	16	29	49	29	37	24	30	1	12
1998	68	16	30	49	29	37	24	30	1	12
1999	70	18	30	50	30	39	25	31	2	12
2000	71	18	30	50	30	39	25	31	2	14
2001	71	19	32	50	32	39	26	33	2	14
2002	74	19	32	52	32	40	26	33	2	15
2003	82	23	32	52	36	55	27	41	11	17
2004	74	26	37	52	37	57	33	47	12	32
2005	78	48	49	54	40	57	38	52	12	32
2006	80	60	57	65	42	73	42	54	18	37
2007	80	63	61	71	48	74	42	56	21	42
2008	82	70	56	75	48	76	42	56	24	43

资料来源:文献[143]

A5 各港口历年的员工数

单位:人

年份	上海	宁波	广州	天津	青岛	大连	秦皇岛	深圳	舟山	南京
1997	42 764	17 106	1 416	17 021	17 426	17 732	16 794	1 632	268	1 006
1998	40 733	19 397	1 595	17 657	18 239	19 571	16 801	2 765	328	1 039
1999	35 561	16 164	1 852	17 893	17 860	20 952	16 854	3 865	382	1 069
2000	35 492	17 313	1 808	18 824	17 056	17 987	16 865	4 989	521	1 075
2001	35 318	17 928	2 445	18 901	17 359	16 828	16 897	6 312	632	1 082
2002	35 120	18 010	2 853	18 925	17 940	16 098	17 702	7 687	758	1 136

(续表)

年份	上海	宁波	广州	天津	青岛	大连	秦皇岛	深圳	舟山	南京
2003	35006	18328	3079	19900	17350	15546	17725	9032	1037	1179
2004	34812	18920	2781	19934	15754	14047	17800	9748	972	1223
2005	34697	19170	2997	20000	15525	14349	17765	11860	1091	1265
2006	34148	19345	3365	20258	15537	14398	17684	11994	1113	1274
2007	33975	19567	3785	20593	15469	14461	17591	12154	1120	1291
2008	33864	19623	3941	20567	15387	14397	17612	12071	1115	1287

资料来源:文献[155]

A6 各港口历年的航线数

年份	上海	宁波	广州	天津	青岛	大连	秦皇岛	深圳	舟山	南京
1997	492	226	236	204	208	211	42	247	165	101
1998	626	300	298	260	268	287	63	333	202	132
1999	723	394	320	283	281	330	81	375	230	181
2000	1009	549	481	472	426	448	157	570	330	281
2001	1033	599	528	531	486	470	153	601	271	310
2002	1357	788	574	664	628	558	209	792	314	451
2003	1494	812	594	765	666	595	270	876	313	530
2004	1716	974	681	934	737	657	333	1023	434	613
2005	1996	1128	761	1084	841	769	408	1211	481	691
2006	2106	1294	851	1205	967	906	461	1431	501	772
2007	2315	1475	879	1328	1023	1182	523	1601	537	839
2008	2437	1631	895	1462	1129	1307	581	1782	571	907

资料来源:文献[155]

A7　1997～2008 年我国通货膨胀率

年份	1997	1998	1999	2000	2001	2002	2003	2004	2005	2006	2007	2008
通货膨胀率	2.80%	−0.80%	−1.40%	0.40%	0.70%	−0.80%	1.20%	3.90%	1.80%	3.2%	4.90%	7.80%

资料来源:文献[137]

A8　1997～2008 年我国集装箱吞吐量总量

单位:万 TEU

年份	1997	1998	1999	2000	2001	2002	2003	2004	2005	2006	2007	2008
集装箱吞吐量	849.8	987.6	1441.4	1935.0	2308.0	3093.3	4123.5	5282.7	6562.7	9361.2	11432.5	12614.3

资料来源:文献[143]

A9　1997～2008 年我国港口吞吐量总量

单位:万吨

年份	1997	1998	1999	2000	2001	2002	2003	2004	2005	2006	2007	2008
集装箱吞吐量	130963	112384	128935	170055	191636	223720	267350	332488	394195	459834	526457	587412

资料来源:文献[143]

A10　1997～2008 年我国港口投资总额

单位:万元

年份	1997	1998	1999	2000	2001	2002	2003	2004	2005	2006	2007	2008
港口投资	780217	603450	780217	596054	1033974	1029071	2009239	2804764	3915265	5465451	7629408	10650149

资料来源:文献[143]

附录 B　文中相关计算的程序

B1　4.2.6 中相关计算的 MATLAB 程序

(1) 表 4-1 的相关计算程序

```
ct=64:1:72;
s=100;
a=3;
t=10;
d0=800;
rf=0.5;
g=1/8;
tao=0.5876;
gg=(ct-64)./(72-64);
f=((ct+(1-rf).*gg./g).*(s+a*t)+t*d0)./(s+2*a*t)
pai=((d0*s+a*s*(1-rf)*64)*(72-ct)-a*s*(2-rf)*(72-ct).^2/2)/(2*a*t+s)
d=(s*d0-a*s.*f)./(s+a*t)
tr=pai+ct.*d+tao*s^2
w=d0*d/a-d.^2/(2*a)-tr+rf*pai-t*d.^2./s
```

(2) 表 4-2 的相关计算程序

```
ct=70;
s=100;
a=3;
t=10;
d0=800;
rf=0:0.1:1;
g=1/8;
tao=0.5876;
gg=(ct-64)/(72-64);
f=((ct+(1-rf).*gg/g)*(s+a*t)+t*d0)./(s+2*a*t)
pai=((d0*s+a*s*(1-rf)*64).*(72-ct)-a*s*(2-rf).*(72-ct)^2./2)./(2*a*t+s)
```

```
d=(s*d0-a*s.*f)./(s+a*t)
tr=pai+ct.*d+tao*s^2
w=d0.*d/a-d.^2./(2*a)-tr+rf.*pai-t.*d.^2./s
```

(3) 表 4-3 的相关计算程序

```
ct=70;
s=100;
a=1:1:10;
t=10;
d0=800;
rf=0.5;
g=1/8;
tao=0.5876;
gg=(ct-64)/(72-64);
f=((ct+(1-rf)*gg/g)*(s+a.*t)+t*d0)./(s+2*a.*t)
pai=((d0*s+a.*s*(1-rf)*64)*(72-ct)-a.*s*(2-rf)*(72-ct)^2/2)./(2*a.*t+s)
d=(s*d0-a.*s.*f)./(s+a.*t)
tr=pai+ct.*d+tao*s^2
w=d0*d./a-d.^2./(2*a)-tr+rf*pai-t*d.^2./s
```

(4) 表 4-4 的相关计算程序

```
ct=70;
s=80:10:170;
a=3;
t=10;
d0=800;
rf=0.5;
g=1/8;
tao=0.5876;
gg=(ct-64)/(72-64);
f=((ct+(1-rf)*gg/g).*(s+a*t)+t*d0)./(s+2*a*t)
pai=((d0*s+a*s*(1-rf)*64)*(72-ct)-a*s*(2-rf)*(72-ct)^2/2)./(2*a*t+s)
d=(s*d0-a*s.*f)./(s+a*t)
tr=pai+ct.*d+tao.*s.^2
w=d0*d/a-d.^2/(2*a)-tr+rf*pai-t*d.^2./s
```

(5) 表 4-5 的相关计算程序

```
ct=70;
s=100;
a=3;
t=5:1:14;
d0=800;
rf=0.5;
g=1/8;
tao=0.5876;
gg=(ct-64)/(72-64);
f=((ct+(1-rf)*gg/g)*(s+a.*t)+t.*d0)./(s+2*a.*t)
pai=((d0*s+a*s*(1-rf)*64)*(72-ct)-a*s*(2-rf)*(72-ct)^2/2)./(2*a.*t+s)
d=(s*d0-a*s*f)./(s+a.*t)
tr=pai+ct.*d+tao*s^2
w=d0*d/a-d.^2/(2*a)-tr+rf*pai-t.*d.^2/s
```

B2 4.3.4 中相关计算的 MATLAB 程序

(1) 关于港口费率 f_{1G}、f_{2G}的非线性方程组

```
function y=fc(x)
ct1=72;
ct2=70;
s1=50;
s2=50;
a=3;
t1=10;
t2=10;
d0=800;
rf=0.5;
tao=0.5876;
k=tao;
d1=(s1*s2*(x(2)-x(1))+d0*t2*s1-a*t2*x(1)*s1)/(t1*s2+t2*s1+a*t2*t1);
d2=(s1*s2*(x(1)-x(2))+d0*t1*s2-a*t1*x(2)*s2)/(t1*s2+t2*s1+a*t2*t1);
pd1f1=(-s1*s2-a*t2*s1)/(t1*s2+t2*s1+a*t2*t1);
pd2f1=(s1*s2)/(t1*s2+t2*s1+a*t2*t1);
pd2f2=(-s1*s2-a*t1*s2)/(t1*s2+t2*s1+a*t2*t1);
```

```
y(1)=(d0/a-(d1+d2)/a)*(pd1f1+pd2f1)-ct1*pd1f1-pd1f1*t1*2*d1/s1-t2*2*d2
*pd2f1/s2-(1-rf)*x(2)*pd2f1-rf*ct2*pd2f1;
y(2)=d2+x(2)*pd2f2-ct2*pd2f2;
```

(2) 表 4-6 的相关计算程序

```
ct1=72;
ct2=64:1:72;
[f1 f2]=fsolve('fc',[100 100],ct1,ct2)
d1=(s1*s2*(f2-f1)+d0*t2*s1-a*t2*f1*s1)/(t1*s2+t2*s1+a*t2*t1)
d2=(s1*s2*(f1-f2)+d0*t1*s2-a*t1*f2*s2)/(t1*s2+t2*s1+a*t2*t1)
d=d1+d2
pai=f2.*d2-ct2.*d2-k*s2^2
w=d0*d/a-d.^2/(2*a)-ct1.*d1-tao*(s1^2+s2^2)-t1*d1.^2/s1-t2*d2.^2/s2-(1
-rf)*f2.*d2+(1-rf)*k*s2^2-rf*ct2.*d2
```

(3) 表 4-7 的相关计算程序

```
rf=0:0.1:1;
[f1 f2]=fsolve('fc',[100 100],rf)
d1=(s1*s2*(f2-f1)+d0*t2*s1-a*t2*f1*s1)/(t1*s2+t2*s1+a*t2*t1)
d2=(s1*s2*(f1-f2)+d0*t1*s2-a*t1*f2*s2)/(t1*s2+t2*s1+a*t2*t1)
d=d1+d2
pai=f2.*d2-ct2*d2-k*s2^2
w=d0*d/a-d.^2/(2*a)-ct1*d1-tao*(s1^2+s2^2)-t1*d1.^2/s1-t2*d2.^2/s2-
(1-rf).*f2.*d2+(1-rf)*k*s2^2-rf.*ct2.*d2
```

(4) 表 4-8 的相关计算程序

```
a=1:1:10;
[f1 f2]=fsolve('fc',[100 100],a)
d1=(s1*s2*(f2-f1)+d0*t2*s1-a.*t2.*f1*s1)./(t1*s2+t2*s1+a.*t2*t1)
d2=(s1*s2*(f1-f2)+d0*t1*s2-a.*t1.*f2*s2)./(t1*s2+t2*s1+a.*t2*t1)
d=d1+d2
pai=f2.*d2-ct2*d2-k*s2^2
w=d0*d./a-d.^2./(2*a)-ct1*d1-tao*(s1^2+s2^2)-t1*d1.^2/s1-t2*d2.^2/s2-
(1-rf)*f2.*d2+(1-rf)*k*s2^2-rf*ct2*d2
```

(5)表 4-9 的相关计算程序

```
s1=40:5:85;
```

```
s2=s1;
[f1 f2]=fsolve('fc',[100 100],s1,s2)
d1=(s1.*s2.*(f2-f1)+d0*t2*s1-a*t2*f1.*s1)./(t1*s2+t2*s1+a*t2*t1)
d2=(s1.*s2.*(f1-f2)+d0*t1*s2-a*t1*f2.*s2)./(t1*s2+t2*s1+a*t2*t1)
d=d1+d2
pai=f2.*d2-ct2*d2-k*s2.^2
w2=d0*d/a-d.^2/(2*a)-ct1*d1-tao*(s1.^2+s2.^2)-t1*d1.^2./s1-t2*d2.^2./s2
-(1-rf)*f2.*d2+(1-rf)*k*s2.^2-rf*ct2*d2
```

(6)表 4-10 的相关计算程序

```
t1=5:1:14;
t2=t1;
[f1 f2]=fsolve('fc',[100 100],t1,t2)
d1=(s1*s2*(f2-f1)+d0*t2.*s1-a*t2.*f1.*s1)./(t1.*s2+t2.*s1+a*t2.*t1)
d2=(s1*s2*(f1-f2)+d0*t1.*s2-a*t1.*f2.*s2)./(t1.*s2+t2.*s1+a*t2.*t1)
d=d1+d2
pai=f2.*d2-ct2*d2-k*s2^2
w=d0*d./a-d.^2./(2*a)-ct1*d1-tao*(s1^2+s2^2)-t1.*d1.^2/s1-t2.*d2.^2/s2
-(1-rf)*f2.*d2+(1-rf)*k*s2^2-rf*ct2*d2
```

B3　5.2.5 中相关计算的 MATLAB 程序

(1) 关于港口费率 f_{CG2} 和港口面积 S_{CG2} 的非线性方程组

```
function y=fcg2(x)
ct=70;
a=3;
t=14;
d0=800;
rf=0.5;
tao=0.5876;
g=1/8;
gg=(ct-64)/(72-64);
m=0.8;
mm=tao/(1-0.2);
y(1)=(x(2)+2*t*a)*x(1)-t*d0-(0.5*(1-rf)*gg/g+ct)*(x(2)+a*t);
y(2)=t*(d0-a*x(1))^2-(0.5*(1-rf)*mm/m+tao)*x(2)*(x(2)+a*t)^2*2;
```

(2) 图 5-1、5-2 和表 5-1 的相关计算程序

```
ct=64:1:72;
[f s]=fsolve('fcg2',[100 100],ct)
pai=((d0*s+0.5*a*s*(1-rf)*64).*(72-ct)-a*s*0.5*(3-rf).*(72-ct).^2/2)./(2*a*t+s)
d=(s*d0-a*s.*(ct+0.5*(1-rf)*gg/g))./(s+2*a*t)
tr=pai+ct.*d+tao*s.^2
w=d0*d/a-d.^2/(2*a)-tr+rf*pai-t*d.^2./s
```

(3) 表 5-2 的相关计算程序

```
rf=0:0.1:1;
[f s]=fsolve('fcg2',[100 100],rf)
pai=((d0*s+0.5*a*s.*(1-rf)*64)*(72-ct)-a*s*0.5.*(3-rf)*(72-ct)^2/2)./(2*a*t+s)
d=(s*d0-a*s.*(ct+0.5*(1-rf)*gg/g))./(s+2*a*t)
tr=pai+ct*d+tao*s.^2
w=d0*d/a-d.^2/(2*a)-tr+rf.*pai-t*d.^2./s
```

(4) 表 5-3 的相关计算程序

```
a=1:1:10;
[f s]=fsolve('fcg2',[100 100],a)
pai=((d0*s+0.5*a.*s*(1-rf)*64)*(72-ct)-a.*s*0.5*(3-rf)*(72-ct)^2/2)./(2*a*t+s)
d=(s*d0-a.*s*(ct+0.5*(1-rf)*gg/g))./(s+2*a*t)
tr=pai+ct*d+tao*s.^2
w=d0*d./a-d.^2./(2*a)-tr+rf*pai-t*d.^2./s
```

(5) 表 5-4 的相关计算程序

```
t=5:1:14;
[f s]=fsolve('fcg2',[100 100],t)
pai=((d0*s+0.5*a*s*(1-rf)*64)*(72-ct)-a*s*0.5*(3-rf)*(72-ct)^2/2)./(2*a*t+s)
d=(s*d0-a*s*(ct+0.5*(1-rf)*gg/g))./(s+2*a*t)
tr=pai+ct*d+tao*s.^2
w=d0*d/a-d.^2/(2*a)-tr+rf*pai-t.*d.^2./s
```

B4 5.3.4 中相关计算的 MATLAB 程序

(1) 关于港口费率 f_{LG2}^1、f_{LG2}^2 以及公用码头面积 S_{LG2}^1 和出租给货主的码头面积 S_{LG2}^2 的非线性方程组

```
function y=fc2(x)
ct1=72;
ct2=70;
a=3;
t1=10;
t2=t1;
d0=800;
rf=0;
tao=0.5876;
k=tao;
d1=(x(3)*x(4)*(x(2)-x(1))+d0*t2*x(3)-a*t2*x(1)*x(3))/(t1*x(4)+t2*x(3)
+a*t2*t1);
d2=(x(3)*x(4)*(x(1)-x(2))+d0*t1*x(4)-a*t1*x(2)*x(4))/(t1*x(4)+t2*x(3)
+a*t2*t1);
pd1f1=(-x(3)*x(4)-a*t2*x(3))/(t1*x(4)+t2*x(3)+a*t2*t1);
pd2f1=(x(3)*x(4))/(t1*x(4)+t2*x(3)+a*t2*t1);
pd2f2=(-x(3)*x(4)-a*t1*x(4))/(t1*x(4)+t2*x(3)+a*t2*t1);
pd1s1=d1/x(3)-(d1*t2)/(t1*x(4)+t2*x(3)+a*t2*t1);
pd1s2=(x(3)*(x(2)-x(1))-d1*t1)/(t1*x(4)+t2*x(3)+a*t2*t1);
pd2s1=(x(4)*(x(1)-x(2))-d2*t2)/(t1*x(4)+t2*x(3)+a*t2*t1);
pd2s2=d2/x(4)-(d2*t1)/(t1*x(4)+t2*x(3)+a*t2*t1);
y(1)=(d0/a-(d1+d2)/a)*(pd1f1+pd2f1)-ct1*pd1f1-pd1f1*t1*2*d1/x(3)-t2*2*
d2*pd2f1/x(4)-(1-rf)*x(2)*pd2f1-rf*ct2*pd2f1;
y(2)=d2+x(2)*pd2f2-ct2*pd2f2;
y(3)=(d0/a-(d1+d2)/a)*(pd1s1+pd2s1)-ct1*pd1s1-2*tao*x(3)-t1*(pd1s1*2*
d1/x(3)-d1^2/x(3)^2)-t2*pd2s1*2*d2/x(4)-(1-rf)*x(2)*pd2s1-rf*ct2*pd2s1;
y(4)=(d0/a-(d1+d2)/a)*(pd1s2+pd2s2)-ct1*pd1s2-2*tao*x(4)-t1*pd1s2*2*
d1/x(3)-t2*(pd2s2*2*d2/x(4)-d2^2/x(4)^2)-(1-rf)*x(2)*pd2s2-rf*ct2*pd2s2
+2*k*x(4)*(1-rf);
```

(2) 表 5-5 的相关计算程序

```
ct2=64:1:72;
```

```
[f1 f2 s1 s2]=fsolve('fc2',[100 100 100 100],ct2)
d1=(s1.*s2.*(f2-f1)+d0*t2*s1-a*t2*f1.*s1)./(t1*s2+t2*s1+a*t2*t1)
d2=(s1.*s2.*(f1-f2)+d0*t1*s2-a*t1*f2.*s2)./(t1*s2+t2*s1+a*t2*t1)
d=d1+d2
s=s1+s2
pai=f2.*d2-ct2.*d2-k*s2.^2
w=d0*d/a-d.^2/(2*a)-ct1*d1-tao*(s1.^2+s2.^2)-t1*d1.^2./s1-t2*d2.^2./s2
-(1-rf)*f2.*d2+(1-rf)*k*s2.^2-rf*ct2.*d2
```

(3) 表 5-6 的相关计算程序

```
rf=0:0.1:1;
[f1 f2 s1 s2]=fsolve('fc2',[100 100 100 100],rf)
d1=(s1.*s2.*(f2-f1)+d0*t2*s1-a*t2*f1.*s1)./(t1*s2+t2*s1+a*t2*t1)
d2=(s1.*s2.*(f1-f2)+d0*t1*s2-a*t1*f2.*s2)./(t1*s2+t2*s1+a*t2*t1)
d=d1+d2
s=s1+s2
pai=f2.*d2-ct2*d2-k*s2.^2
w=d0*d/a-d.^2/(2*a)-ct1*d1-tao*(s1.^2+s2.^2)-t1*d1.^2./s1-t2*d2.^2./s2
-(1-rf).*f2.*d2+(1-rf)*k.*s2.^2-rf.*ct2.*d2
```

(4) 表 5-7 的相关计算程序

```
a=1:1:10;
[f1 f2 s1 s2]=fsolve('fc2',[100 100 100 100],a)
d1=(s1.*s2.*(f2-f1)+d0*t2*s1-a.*t2.*f1.*s1)./(t1*s2+t2*s1+a*t2*t1)
d2=(s1.*s2.*(f1-f2)+d0*t1*s2-a.*t1.*f2.*s2)./(t1*s2+t2*s1+a*t2*t1)
d=d1+d2
s=s1+s2
pai=f2.*d2-ct2*d2-k*s2.^2
w=d0*d./a-d.^2./(2*a)-ct1*d1-tao*(s1.^2+s2.^2)-t1*d1.^2./s1-t2*d2.^2./
s2-(1-rf)*f2.*d2+(1-rf)*k*s2.^2-rf*ct2*d2
```

(5) 表 5-8 的相关计算程序

```
t1=5:1:14;
t2=t1;
[f1 f2 s1 s2]=fsolve('fc2',[100 100 100 100],t1,t2)
d1=(s1.*s2.*(f2-f1)+d0*t2.*s1-a*t2.*f1.*s1)./(t1.*s2+t2.*s1+a*t2.*t1)
```

```
d2=(s1.*s2.*(f1-f2)+d0*t1.*s2-a*t1.*f2.*s2)./(t1.*s2+t2.*s1+a*t2.*t1)
s=s1+s2
d=d1+d2
pai=f2.*d2-ct2*d2-k*s2.^2
w=d0*d./a-d.^2./(2*a)-ct1*d1-tao*(s1.^2+s2.^2)-t1.*d1.^2./s1-t2.*d2.^2./s2-(1-rf)*f2.*d2+(1-rf)*k*s2.^2-rf*ct2*d2
```

B5 6.2.5 中相关计算的 MATLAB 程序

(1) 关于港口费率 f_{CG3}、港口面积 S_{CG3} 的非线性方程组

```
function y=fcg3(x)
kc=2000;
ct=72;
a=3;
t=10;
d0=800;
rf=0.5;
tao=1;
g=1/8;
gg=(ct-64)/(72-64);
m=1/0.8;
mm=tao/(1-0.2);
dt1=ct+0.5*(1-rf)*gg/g;
dt2=tao+0.5*(1-rf)*mm/m;
y(1)=(d0-a*x(1))^2-kc*x(2)*(1+2*a*x(2)*dt2/kc)^2;
y(2)=x(1)+(2*a*x(1)-d0)*2*dt2*x(2)/kc-dt1*(1+2*a*x(2)*dt2/kc);
```

(2) 图 6-1、6-2、6-3 和表 6-1 的相关计算程序

```
ct=64:1:72;
[f s]=fsolve('fg3',[100 100],ct)
t=2*s.^2*(tao+0.5*(1-rf)*mm/m)/kc
pai=((d0*s+0.5*a*s*(1-rf)*64).*(72-ct)-a*s*0.5*(3-rf).*(72-ct).^2/2)./(2*a*t+s)
d=(s*d0-a*s.*(ct+0.5*(1-rf)*gg/g))./(s+2*a*t)
tr=pai+ct.*d+tao*s.^2+kc*(10-t)
```

```
w=d0*d/a-d.^2/(2*a)-tr+rf*pai-t.*d.^2./s
dt=10-t
```

(3) 表6-2的相关计算程序

```
rf=0:0.1:1;
[f s]=fsolve('fg3',[100 100],rf)
t=2*s.^2.*(tao+0.5*(1-rf)*mm/m)/kc
pai=((d0*s+0.5*a*s.*(1-rf)*64)*(72-ct)-a*s*0.5.*(3-rf)*(72-ct)^2/
2)./(2*a*t+s)
d=(s*d0-a*s.*(ct+0.5*(1-rf)*gg/g))./(s+2*a*t)
tr=pai+ct*d+tao*s.^2+kc*(10-t)
w=d0*d/a-d.^2/(2*a)-tr+rf.*pai-t.*d.^2./s
dt=10-t
```

(4) 表6-3的相关计算程序

```
a=1:1:10;
[f s]=fsolve('fg3',[100 100],a)
t=2*s.^2*(tao+0.5*(1-rf)*mm/m)/kc
pai=((d0*s+0.5*a.*s*(1-rf)*64)*(72-ct)-a.*s*0.5*(3-rf)*(72-ct)^2/
2)./(2*a.*t+s)
d=(s*d0-a.*s*(ct+0.5*(1-rf)*gg/g))./(s+2*a.*t)
tr=pai+ct*d+tao*s.^2+kc*(10-t)
w=d0*d./a-d.^2./(2*a)-tr+rf*pai-t.*d.^2./s
dt=10-t
```

B6　6.3.4中相关计算的MATLAB程序

(1) 关于港口费率 f^1_{LG3}、f^2_{LG3}、公用码头面积 S^1_{LG3}、货主的码头面积 S^2_{LG3} 以及公用码头和货主码头的差异化程度的变化 Δt^1_{LG3}、Δt^2_{LG3} 的非线性方程组

```
function y=fc3(x)
ct1=72;
ct2=70;
a=3;
t1=10-x(5);
t2=10-x(6);
```

```
d0=800;
rf=0.5;
tao=0.5876;
k=tao;
kc=2000;
d1=(x(3)*x(4)*(x(2)-x(1))+d0*t2*x(3)-a*t2*x(1)*x(3))/(t1*x(4)+t2*x(3)
+a*t2*t1);
d2=(x(3)*x(4)*(x(1)-x(2))+d0*t1*x(4)-a*t1*x(2)*x(4))/(t1*x(4)+t2*x(3)
+a*t2*t1);
pd1f1=(-x(3)*x(4)-a*t2*x(3))/(t1*x(4)+t2*x(3)+a*t2*t1);
pd2f1=(x(3)*x(4))/(t1*x(4)+t2*x(3)+a*t2*t1);
pd2f2=(-x(3)*x(4)-a*t1*x(4))/(t1*x(4)+t2*x(3)+a*t2*t1);
pd1s1=d1/x(3)-(d1*t2)/(t1*x(4)+t2*x(3)+a*t2*t1);
pd1s2=(x(3)*(x(2)-x(1))-d1*t1)/(t1*x(4)+t2*x(3)+a*t2*t1);
pd2s1=(x(4)*(x(1)-x(2))-d2*t2)/(t1*x(4)+t2*x(3)+a*t2*t1);
pd2s2=d2/x(4)-(d2*t1)/(t1*x(4)+t2*x(3)+a*t2*t1);
pd1t1=d1*(x(4)+a*t2)/(t1*x(4)+t2*x(3)+a*t2*t1);
pd1t2=(a*x(1)*x(3)-d0*x(3)+d1*x(3)+a*d1*t1)/(t1*x(4)+t2*x(3)+a*t2*t1);
pd2t1=(a*x(2)*x(4)-d0*x(4)+d2*x(4)+a*d2*t2)/(t1*x(4)+t2*x(3)+a*t2*t1);
pd2t2=d2*(x(3)+a*t1)/(t1*x(4)+t2*x(3)+a*t2*t1);
y(1)=(d0/a-(d1+d2)/a)*(pd1f1+pd2f1)-ct1*pd1f1-pd1f1*t1*2*d1/x(3)-t2*2*
d2*pd2f1/x(4)-(1-rf)*x(2)*pd2f1-rf*ct2*pd2f1;
y(2)=d2+x(2)*pd2f2-ct2*pd2f2;
y(3)=(d0/a-(d1+d2)/a)*(pd1s1+pd2s1)-ct1*pd1s1-2*tao*x(3)-t1*(pd1s1*2*
d1/x(3)-d1^2/x(3)^2)-t2*pd2s1*2*d2/x(4)-(1-rf)*x(2)*pd2s1-rf*ct2*pd2s1;
y(4)=(d0/a-(d1+d2)/a)*(pd1s2+pd2s2)-ct1*pd1s2-2*tao*x(4)-t1*pd1s2*2*
d1/x(3)-t2*(pd2s2*2*d2/x(4)-d2^2/x(4)^2)-(1-rf)*x(2)*pd2s2-rf*ct2*pd2s2
+2*k*x(4)*(1-rf);
y(5)=(d0/a-(d1+d2)/a)*(pd1t1+pd2t1)-ct1*pd1t1-(-d1^2+t1*pd1t1*2*d1)/
x(3)-kc-(1-rf)*x(2)*pd2t1-t2*pd2t1*2*d2/x(4)-rf*ct2*pd2t1;
y(6)=(x(2)-ct2)*pd2t2-kc
```

(2) 表 6-4 相关计算程序

```
ct2=64:1:72;
[f1f2 s1 s2 dt1 dt2]=fsolve('fc3',[100 100 100 100 10 10],ct2)
t1=10-dt1
```

```
t2=10-dt2
d1=(s1.*s2.*(f2-f1)+d0*t2.*s1-a*t2.*f1.*s1)./(t1.*s2+t2.*s1+a*t2.*t1)
d2=(s1.*s2.*(f1-f2)+d0*t1.*s2-a*t1.*f2.*s2)./(t1.*s2+t2.*s1+a*t2.*t1)
d=d1+d2
s=s1+s2
pai=f2.*d2-ct2.*d2-k*s2.^2
w=d0*d/a-d.^2/(2*a)-ct1*d1-tao*(s1.^2+s2.^2)-t1.*d1.^2./s1-t2.*d2.^2./
s2-(1-rf)*f2.*d2+(1-rf)*k*s2.^2-rf*ct2.*d2
```

(3) 表6-5的相关计算程序

```
rf=0:0.1:1;
[f1f2 s1 s2 dt1 dt2]=fsolve('fc3',[100 100 100 100 10 10],rf)
t1=10-dt1
t2=10-dt2
d1=(s1.*s2.*(f2-f1)+d0*t2.*s1-a*t2.*f1.*s1)./(t1.*s2+t2.*s1+a*t2.*t1)
d2=(s1.*s2.*(f1-f2)+d0*t1.*s2-a*t1.*f2.*s2)./(t1.*s2+t2.*s1+a*t2.*t1)
d=d1+d2
s=s1+s2
pai=f2.*d2-ct2*d2-k*s2.^2
w=d0*d/a-d.^2/(2*a)-ct1*d1-tao*(s1.^2+s2.^2)-t1.*d1.^2./s1-t2.*d2.^2./
s2-(1-rf).*f2.*d2+(1-rf)*k.*s2.^2-rf.*ct2.*d2
```

(4) 表6-6的相关计算程序

```
a=1:1:10;
[f1f2 s1 s2 dt1 dt2]=fsolve('fc3',[100 100 100 100 10 10],a)
t1=10-dt1
t2=10-dt2
d1=(s1.*s2.*(f2-f1)+d0*t2.*s1-a.*t2.*f1.*s1)./(t1.*s2+t2.*s1+a.*t2.*t1)
d2=(s1.*s2.*(f1-f2)+d0*t1.*s2-a.*t1.*f2.*s2)./(t1.*s2+t2.*s1+a.*t2.*t1)
d=d1+d2
s=s1+s2
pai=f2.*d2-ct2*d2-k*s2.^2
w=d0*d./a-d.^2./(2*a)-ct1*d1-tao*(s1.^2+s2.^2)-t1.*d1.^2./s1-t2.*d2.^
2./s2-(1-rf)*f2.*d2+(1-rf)*k*s2.^2-rf*ct2*d2
```

B7 7.5.4 中相关计算的 FRONTIER4.1 程序

```
1          1=ERROR COMPONENTS MODEL, 2=TE EFFECTS MODEL
sw.txt     DATA FILE NAME
so.txt     OUTPUT FILE NAME
1          1=PRODUCTION FUNCTION, 2=COST FUNCTION
y          LOGGED DEPENDENT VARIABLE (Y/N)
10         NUMBER OF CROSS-SECTIONS
9          NUMBER OF TIME PERIODS
90         NUMBER OF OBSERVATIONS IN TOTAL
3          NUMBER OF REGRESSOR VARIABLES (Xs)
y          MU (Y/N) [OR DELTA0 (Y/N) IF USING TE EFFECTS MODEL]
y          ETA (Y/N) [OR NUMBER OF TE EFFECTS REGRESSORS (Zs)]
n          STARTING VALUES (Y/N)
           IF YES THEN   BETA0
                         BETA1 TO
                         BETAK
                         SIGMA SQUARED
                         GAMMA
                         MU    [OR DELTA0
                         ETA       DELTA1 TO
                                   DELTAP]

                        NOTE: IF YOU ARE SUPPLYING STARTING VALUES
                        AND YOU HAVE RESTRICTED MU [OR DELTA0] TO BE
                        ZERO THEN YOU SHOULD NOT SUPPLY A STARTING
                        VALUE FOR THIS PARAMETER.
```

附录 C　文中相关变量表

θ:中央规制模式下港口经营者装卸服务的边际成本
$\hat{\theta}$:港口经营者向中央政府汇报其关于 θ 的信息
θ_1:地方规制模式下公用码头装卸服务的边际成本
θ_2:地方规制模式下货主码头装卸服务的边际成本
t:中央规制模式下港口经营差异化程度
t_1:地方规制模式下公用码头经营差异化程度
t_2:地方规制模式下货主码头经营差异化程度
α:港口经营者利润在规制者目标中的相对权重
a:港口的服务需求量对广义价格的敏感程度
S:港口面积,也可作为港口投资的度量
p:港口服务的广义价格
c:港口总成本
τ:码头的维护成本参数
$\hat{\tau}$:港口经营者向中央政府汇报其关于 τ 的信息
fr:货主码头的租赁费
ξ:增加港口差异化程度的边际成本
$G(\theta)$:中央政府对于港口经营者装卸服务的边际成本 θ 信念的分布函数
$g(\theta)$:中央政府对于港口经营者装卸服务的边际成本 θ 信念的概率密度
$M(\tau)$:中央政府对于码头的维护成本参数 τ 信念的分布函数
$m(\tau)$:中央政府对于码头的维护成本参数 τ 信念的概率密度
f_{CG}:仅考虑费率时中央规制模式下港口费率
D_{CG}:仅考虑费率时中央规制模式下港口服务需求
T_{CG}:仅考虑费率时中央规制模式下中央政府对港口经营者的转移支付
π_{CG}:仅考虑费率时中央规制模式下港口经营者的利润
W_{CG}:仅考虑费率时中央规制模式下社会总福利
f_{LG}^1:仅考虑费率时地方规制模式下公用码头费率
f_{LG}^2:仅考虑费率时地方规制模式下货主码头费率
D_{LG}:仅考虑费率时地方规制模式下港口服务总需求
π_{LG}:仅考虑费率时地方规制模式下货主码头的利润

W_{LG}：仅考虑费率时地方规制模式下社会总福利

f_{CG2}：同时考虑费率和投资时中央规制模式下港口费率

S_{CG2}：同时考虑费率和投资时中央规制模式下港口面积

D_{CG2}：同时考虑费率和投资时中央规制模式下港口服务需求

T_{CG2}：同时考虑费率和投资时中央规制模式下中央政府对港口经营者的转移支付

π_{CG2}：同时考虑费率和投资时中央规制模式下港口经营者的利润

W_{CG2}：同时考虑费率和投资时中央规制模式下社会总福利

f^1_{LG2}：同时考虑费率和投资时地方规制模式下公用码头费率

f^2_{LG2}：同时考虑费率和投资时地方规制模式下货主码头费率

S^1_{LG3}：同时考虑费率和投资时地方规制模式下公用码头面积

S^2_{LG2}：同时考虑费率和投资时地方规制模式下货主码头面积

S_{LG2}：同时考虑费率和投资时地方规制模式下港口总面积

D_{LG2}：同时考虑费率和投资时地方规制模式下港口服务总需求

π_{LG2}：同时考虑费率和投资时地方规制模式下货主码头的利润

W_{LG2}：同时考虑费率和投资时地方规制模式下社会总福利

f_{CG3}：同时考虑费率、投资和经营差异化程度时中央规制模式下港口费率

S_{CG3}：同时考虑费率、投资和经营差异化程度时中央规制模式下港口面积

Δt_{CG3}：同时考虑费率、投资和经营差异化程度时中央规制模式下增加的差异化程度

t'_{CG3}：同时考虑费率、投资和经营差异化程度时中央规制模式下最终的差异化程度

D_{CG3}：同时考虑费率、投资和经营差异化程度时中央规制模式下港口服务需求

T_{CG3}：同时考虑费率、投资和经营差异化程度时中央规制模式下中央政府对港口经营者的转移支付

π_{CG3}：同时考虑费率、投资和经营差异化程度时中央规制模式下港口经营者的利润

W_{CG3}：同时考虑费率、投资和经营差异化程度时中央规制模式下社会总福利

f^1_{LG3}：同时考虑费率、投资和经营差异化程度时地方规制模式下公用码头费率

f^2_{LG3}：同时考虑费率、投资和经营差异化程度时地方规制模式下货主码头费率

S^1_{LG3}：同时考虑费率、投资和经营差异化程度时地方规制模式下公用码头面积

S^2_{LG3}：同时考虑费率、投资和经营差异化程度时地方规制模式下货主码头面积

S_{LG3}：同时考虑费率、投资和经营差异化程度时地方规制模式下港口总面积

Δt^1_{LG3}：同时考虑费率、投资和经营差异化程度时地方规制模式下公用码头的差异化程度的变化

Δt^2_{LG3}：同时考虑费率、投资和经营差异化程度时地方规制模式下货主码头的差异化程度的变化

$t^{1'}_{LG3}$：同时考虑费率、投资和经营差异化程度时地方规制模式下公用码头最终的差

异化程度

$t_{LG3}^{2'}$：同时考虑费率、投资和经营差异化程度时地方规制模式下货主码头最终的差异化程度

D_{LG3}：同时考虑费率、投资和经营差异化程度时地方规制模式下港口服务总需求

π_{LG3}：同时考虑费率、投资和经营差异化程度时地方规制模式下货主码头的利润

W_{LG3}：同时考虑费率、投资和经营差异化程度时地方规制模式下社会总福利

参 考 文 献

[1] Afriat S. The case of the vanishing Slutsky matrix[J]. Journal of Economic Theory, 1972,5(2):208-223.

[2] Aigner D, et al. On the estimation of production frontiers: maximum likelihood estimation of the parameters of a discontinuous density function[J]. International Economic Review, 1976,17(2):377-396.

[3] Aigner D, et al. Formation and estimation of stochastic frontier production function models[J]. Journal of Econometrics, 1977,6(1):21-37.

[4] Armstrong M, Rochet J. Multidimensional screening: a user's guide[J]. European Economics Review, 1999,43:959-979.

[5] Arnott R. Taxi travel should be subsidized[J]. Journal of Urban Economics, 1996,40:316-333.

[6] Auriol E, Laffont J J. Regulation by duopoly[J]. Journal of Economics and Management Strategy, 1992,42:507-532.

[7] Ausco M, et al. An empirical oligopoly model of a regulated market[J]. International Journal of Industrial Organization, 1999,17(1):25-57.

[8] Averch H, Johnson L. Behavior of the Firm Under Regulatory Constraint[J]. The American Economic Review, 1962,52(5):1052-1069.

[9] Baird A. UK port privatization: in context[C]. Proceedings of UK Port Privatization Conference, 1995. 9.

[10] Baird A. UK port privatization: an analytical framework[C]. Proceedings of International Association of Maritime Economist Conference, 1997. 9.

[11] Baron D. Noncooperative regulation of a Nonlocalized Externality[J]. Rand Journal of Economics, 1985,16:533-568.

[12] Basov S. Hamilton approach to multi-dimensional screening[J]. Journal of Mathematical Economics, 2001,36:77-94.

[13] Battese G, Coelli T. Frontier production functions, technical efficiency and panel data: with application to Paddy Farmers in India[J]. Journal of Productivity Analysis, 1992,3:153-167.

[14] Battese G, Coelli T. A stochastic frontier production incorporating a model for technical inefficiency effects[J]. Working Paper in Economics and Applied Statistics No. 69, Department of Econometrics, University of New England, Armidale, 1993.

[15] Battese G, Coelli T. A model for technical inefficiency effects in a stochastic frontier pro-

duction function for panel data[J]. Empirical Economics, 1995,20: 325-332.

[16] Bauer P, et al. Consistency Conditions for Regulatory Analysis of Financial Institutions: A Comparison of Frontier Efficiency Methods[J]. Journal of Economics and Bu*sin*ess, 1998,50(2):85-114.

[17] Baumol W. Notes on the Theory of Government Procurement[J]. Economica, 1967,14 (2):1-18.

[18] Bausch D O, et al. Scheduling short-term maritime transport of bulk products[J]. Maritime Policy and Management, 1998,25(4):335-348.

[19] Bennathan E, Walters A A. Port Pricing and Investment Policy for Developing Countries [M]. Oxford University Press, 1979.

[20] Bergantino A S, Coppejans L. Shipowner preferences and user charges: allocating port infrastructure costs[J]. Transportation Research Part E, 2000,36: 97-113.

[21] Boyer M, Laffont J J. Toward a Political Theory of the Emergence of Environmental Incentive Regulation[J]. The RAND Journal of Economics, 1999,30 (1):137-157.

[22] Boyer M, Laffont J J. Competition and the reform of incentive schemes in the regulated sector[J]. Journal of Public Economics, 2003,87:2369-2396.

[23] Bremer W M, Perakis A N. An operational tanker scheduling optimization system: model implementation, results and possible extensions[J]. Maritime Policy and Management, 1992,19(3):189-199.

[24] Brown G G, et al. Scheduling ocean transportation of crude oil[J]. Management Science, 1987,33(3):335-346.

[25] Cairns R, Liston C. Competition and regulation in the taxi industry[J]. Journal of Public Economics, 1996,59:1-15.

[26] Carbone V, Martino M D. The changing role of ports in supply chain management: an empirical analysis[J]. Maritime Policy and Management, 2003,30(4):305-320.

[27] Cass S. World port privatization: finance, funding and ownership[M]. Cargo System IIR Publications, London, 1998.

[28] Castell F, Claudio L. Segmented regulation in global oligopolies: industrial configuration and welfare effects[J]. Information Economics and Policy, 1995, 7(4):303-330.

[29] Chang S. Production function, productiveness, and capacity utilization of the port of mobile[J]. Maritime Policy and Management, 1978,5:297-305.

[30] Charnes A, et al. Measuring the efficiency of decision making units[J]. European Journal of Operation Research, 1978,2(6):429-444.

[31] Chin A, Tongzon J. Maintaining Singapore as a major shipping and air transport hub[C]. Competitiveness of the Singapore Economy, 1998:83-114.

[32] Coelli T. A Guide to Frontier Version 4. 1: A computer program for Stochastic Frontier production and cost function estimation[EB/OL]. University of New England CEPA

Working Paper, 1996. 07, http://www. une. edu. au/econometrics/ cepa. htm.

[33] Cremer H, Laffont J. Public goods with costly access[J]. Journal of Public Economics, 2003,87:1985-2012.

[34] Cullinane K, et al. A stochastic frontier model of the efficiency of major container terminals in Asia: assessing the influence of administrative and ownership structures[J]. Transportation Research Part A, 2002,36:743-762 .

[35] Damania R. Environmental regulation and financial structure in an oligopoly supergame [J]. Environment Modeling and Software, 2001,16(2):119-129.

[36] Dowd T, Leschine T, Container terminal productivity: a perspective[J]. Maritime Policy and Management, 1990,17(2):107-112.

[37] Dowd T, Fleming D. Port pricing[J]. Maritime Policy and Management, 1994,21(1):29-35.

[38] Estache A, et al. Downsizing with labor sharing and collusion[J]. Journal of Development Economics, 2004,73:519-540.

[39] Evans A. Are urban bus services natural monopolies[J]. Transportation, 1991, 18: 131-150.

[40] Everett S. Corporatization: a legislative framework for port inefficiencies[J]. Maritime Policy and Management, 2003,30(3):211-219.

[41] Farrel M. The measurement of productive efficiency[J]. Journal of the Royal Statistical Society, 1957,120(3):253-290.

[42] Florian M, Los M. Impact of the supply of parking spaces on parking lot choice[J]. Transportation Research Part B, 1980,14:155-163.

[43] Gillen D. Estimation and specification of the effects of parking costs on urban transport mode choice[J]. Journal of Urban Economics, 1977,4:186-199.

[44] Grimaud F, Laffont J J. Martimort D. Collusion, delegation and supervision with soft information[J]. Review of Economic Studies, 2003,70(4):253-280.

[45] Grossman S, Hart O. The Costs and Benefits of Ownership: A Theory of Vertical and Lateral Integration[J]. The Journal of Political Economy, 1986,94(4):691-719.

[46] Guthrie G, et al. Pricing access: forward-looking versus backward-looking cost rules[J]. Europe Economic Review, 2006,50(7):1767-1789.

[47] Hensher D, King J. Parking demand and responsiveness to supply pricing and location in the Sydney central business district[J]. Transportation Research Part A, 2001, 35: 177-196.

[48] Holmstrom B. Moral Harzard and Observability[J]. Bell Journal of Economics 1979,10: 74-91.

[49] Howard D L, et al. Portsim 5: Modeling from a seaport level[J]. Mathematical and Computer Modeling, 2004,39(6):715-731.

[50] Ircha M C, Reforming Canadian ports[J]. Maritime Policy and Management, 1997,24(2):123-144.

[51] Ircha M C, Wood J. Canadian ports—external challenges and reform[J]. Canadian Journal of Civil Engineering, 1999,26:818-826.

[52] Ircha M C. Port reforms: international perspectives and the Canadian model[J]. Canadian Public Administration, 2000,42(1):108-132.

[53] Ircha M C. North American port reform: the Canadian and American experience[J]. International Journal of Maritime Economics, 2001(3):198-220.

[54] Jose H V, Sergio J D. Optimal pricing for priority service and space allocation in container ports[J]. Transportation Research Part B, 1999,33:81-106.

[55] Kahn A. The Economies of Regulation: Principles and Institutions[M]. New York, John Wiley and Sony Inc, 1970:3.

[56] Kim M, Sachish A. The structure of production, technical change and productivity in a port[J]. The Journal of Industrial Economics, 1986,35(2):209-233.

[57] King S, Pitchford R. Privatization in Australia: understanding the incentive in public and private firms[J]. Australian Economic Review, 1998,31:313-328.

[58] Klink, et al. Gateways and intermodalism[J]. Journal of Transport Geography, 1998, 6(1):1-9.

[59] Kotakorpi K. Access price regulation, investment and entry in telecommunications[J]. International Journal of Industrial Organization, 2006,24 (5):1013-1020.

[60] Kohers T, et al. Market perception of efficiency in bank holding company mergers: the roles of the DEA and SFA models in capturing merger potential[J]. Review of Financial Economics, 2000,9(2):101-120.

[61] Laffont J J. Regulation, moral hazard and insurance of environment risks[J]. Journal of Public Economics, 1995,58:319-336.

[62] Laffont J J. Regulation of pollution with asymmetric information[J]. Journal of Public Economics, 1996,59:329-356.

[63] Laffont J J. Enforcement, Regulation and Development[J]. Journal of African Economics, 2003,12(10):193-211.

[64] Laffont J J. Management of public utilities in China[J]. Annals of Economics and Finance, 2004,5:185-210.

[65] Laffont J J, Guessan T N. Competition and corruption in an agency relationship[J]. Journal of Development Economics, 1999,60:271-295.

[66] Laffont J J, Martimort D. Collusion under asymmetric information[J]. Econometrica, 1997,65(4):875-911.

[67] Laffont J J, Martimort D. Collusion and delegation[J]. Rand Journal of Economics, 1998,29(2):280-305.

[68] Laffont J J, Martimort D. Collusion-proof Samuelson conditions for public goods[J]. Journal of Public Economic Theory, 1999,1(4):399-438.

[69] Laffont J J, Martimort D. Mechanism design with collusion and correlation[J]. Econometrica, 2000,68(2):309-342.

[70] Laffont J J, Martimort D. The design of transnational public good mechanisms for developing countries[J]. Journal of Public Economics, 2005,89(2):159-196.

[71] Laffont J, Maskin E, Rochet J. Optimal nonlinear pricing with two characteristics[C]. Information, Incentives and Economic Mechanism, University of Minnesota Press, 1987.

[72] Laffont J J, Meleu M. Reciprocal supervision, collusion and organizational design[J]. Scandinavian Journal of Economics, 1997,99(4):519-540.

[73] Laffont J J, Rochet J C. Collusion in organizations[J]. Scandinavian Journal of Economics, 1997,99(4):485-495.

[74] Laffont J J, Rochet J C. Regulation of a risk averse firm[J]. Games and Economic Behavior, 1998,25(2):149-173.

[75] Laffont J J, Tirole J. Using cost observation to regulate firms[J]. Journal of Political Economy, 1986,94:614-641.

[76] Laffont J J, Tirole J. The regulation of multiproduct firms, part Ⅰ: theory[J]. Journal of Public Economics, 1990,43:1-36.

[77] Laffont J J, Tirole J. The regulation of multiproduct firms, part Ⅱ: Applications to competitive environments and policy analysis[J]. Journal of Public Economics, 1990, 43: 37-52.

[78] Laffont J J, Tirole J. Optimal bypass and cream skimming[J]. The American Economic Review, 1990,80:1042-1061.

[79] Laffont J J, Tirole J. Access Pricing and Competition[J]. European Economic Review, 1994,38:1673-1710.

[80] Lee T W, et al. A simulation study for the logistics planning of a container terminal in view of SCM[J] Maritime Policy and Management, 2003,30(3):243-254.

[81] Leibenstein H. Allocative efficiency vs "X-efficiency"[J]. American Economic Review, 1966,56:392-415.

[82] Leob M, Magat W. A Decentrailized Method of Utility Regulation[J]. Journal of Lawand Economics, 1979,22(2):399-404.

[83] Littlechild S. The Regulation of Privatized Monopolies in the United Kingdom[J]. The RAND Journal of Economics, 1989,20(3):454-472.

[84] Luo M. Container transportation service demand simulation model for US coastal container ports[D]. Dissertation of University of Rhode Island, 2002.

[85] McAfee P, McMillan J. Multidimensional incentive compatibility and mechanism design [J]. Journal of Economic Theory, 1988,46:335-354.

[86] MacHardy J, Trotter S. Competition and deregulation: Do air passengers get the benefits[J]. Transportation Research Part A, 2006,40:74-93.

[87] Meersman M, et al. Regional institutional convergence? Reflections from the baltimore waterfront[J]. Economic Geography, 2003,79(4):347-363.

[88] Meersman M, et al. Fighting for money, investment and capacity: port governance and devolution in Belgium[J]. Research in Transportation Economics, 2006,17:85-107.

[89] Meeusen W, van den Broeck J. Efficiency estimation from Cobb-Douglas production functions with composed error[J]. International Economic Review, 1977, 18(2): 435-444.

[90] Meunier D, Quinet E. The contracting of investment and operation, and the management infrastructure funding bodies[J]. Research in Transportation Economics, 2007, 18: 81-109.

[91] Mookherjee D, Tsumagari M. The organization of supplier networks: effects of delegation and intermediation[J]. Econometrica, 2004,72(4):1179-1219.

[92] Mourao M C, et al. Ship assignment with hub and spoke constraints[J]. Maritime Policy and Management, 2001,28(2):135-150.

[93] Nir A, et al. Port choice behavior—from the perspective of the shipper[J]. Maritime Policy and Management, 2003,30(2):165-173.

[94] Notteboom T, et al. Measuring and explaining the relative efficiency of container terminals by means of Bayesian stochastic frontier models[J]. International Journal of Maritime Economics, 2000,2(2):83-106.

[95] Oum T, Zhang A, Zhang Y. A note on optimal airport pricing in a hub-and-spoke system[J]. Transportation Research Part B, 1996,30(1):11-18.

[96] Peltzman J. Toward a More General Theory of Regulation[J]. Journal of Law and Economics, 1976,19(4):110-121.

[97] Perakis A N, Bremer W M. An operational tanker scheduling optimization system: background, current practice and model formulation[J]. Maritime Policy and Management, 1992,19(3):177-187.

[98] Pettersen S S, Marlow P B. Port Pricing and Competitiveness in Short Sea Shipping[J]. International Journal of Transport Economics. 2000,3:19-38.

[99] Pettersen S S. Port Pricing Structures and Ship Efficiency[J]. Review of Network Economics. 2004,3:25-37.

[100] Powell B J, Perakis A N. Fleet deployment optimization for liner shipping: an integer programming model[J]. Maritime Policy and Management, 1997,24(2): 183-192.

[101] Quellette P, et al. Investment and regulation: the case of Canadian air carriers[J]. Transportation Research Part E, 2005,41:93-113.

[102] Reinhard S, et al. Environmental efficiency with multiple environmentally detrimental

variables; estimated with SFA and DEA[J]. European Journal of Operational Research, 2000,121(2):287-303.

[103] Rochet J, Chone P. Ironing, sweeping and multidimensional screening[J]. Econometrica, 1998,66(4):783-826.

[104] Ronen D. Short-term scheduling of vessels for shipping bulk or semi-bulk commodities originating in a single area[J]. Operation Research, 1986,34(1): 164-173.

[105] Saloner. Excess capacity as a policing device[J]. Economics Letter, 1985,18:83-86.

[106] Sasaki D, Wen M. On optimal privatization[J]. Researcher Paper No. 661, Department of Economics, University of Melbourne, 1998.

[107] Saundry R, Turnbull T. Private profit, public loss: the financial and economic performance of U. K. ports[J]. Maritime Policy and Management, 1997,24(4): 319-334.

[108] Sibley D, Srinagesh P. Multiproduct nonlinear pricing with multiple taste characteristics [J]. Rand Journal of Economics, 1997,28:684-707 .

[109] Schmidt A. Productivity functions as a managerial tool in Israeli ports[J]. Maritime Policy and Management, 1996,23(4):341-369.

[110] Song D, Cullinane K. Port privatization: A new paradigm of port policy[M]. Ocean Yearbook Volume 16, University of Chicago Press, Chicago, 2001,3.

[111] Song D. Port co-opetition in concept and practice[J]. Maritime Policy and Management, 2003,32(1):32-37.

[112] Sudit E. Additive Nonhomogeneous Production Functions in Telecommunications[J]. The Bell Journal of Economics and Management Science, 1973,4(2):499-514.

[113] Suykens F, Vande V E. Port management in Europe[J]. Maritime Policy and Management, 1998,25(3):251-261.

[114] Talley, W K. Port pricing: a cost axiomatic approach[J]. Maritime Policy and Management, 1994,21(1):61-76.

[115] Tongzon J. The impact of wharfage costs on Victoria's export-oriented industries[J]. Economic Papers, 1989,8:58-64.

[116] Tongzon J. Determinants of port performance and efficiency[J]. Transportation Research Part A, 1995,29:24-36.

[117] Tongzon J. Efficiency measurement of selected Australian and other international ports using data envelopment analysis[J]. Transportation Research Part A, 2001,35:113-128.

[118] Tournut J. Monopoly and optimal nonlinear pricing: the case of route monopolies and heterogeneous demand in the air transport market[J]. Transportation Research Part E, 2004,40:477-513.

[119] Tsai J, Chu C. Economic analysis of collecting parking fees by a private firm[J]. Transportation Research Part A, 2006,40:690-697.

[120] Tsamboulas, et al. Decision-making process in intermodal transportation[R]. Transpor-

tation Research Record 1707, Paper No. 00-1304, 2000.

[121] Turner J, et al. North American containerport productivity[J]. Transportation Research Part E, 2004,40:339-356.

[122] Veer J. Entry deterrence and quality provision in the local bus market[J]. Transport Review, 2002,22(3):247-265.

[123] Vogelsang I. Price Regulation of Access to Telecommunications Networks[J]. Journal of Economic Literature, 2003,41(3):830-862.

[124] Wang G H. Regulating an oligopoly with unknown costs[J]. International Journal of Industrial Organization, 2000,18:813-825.

[125] Wang J, Slack B. The evolution of a regional container port system: the Pearl River Delta[J]. Journal of Transport Geography, 2000,8(4):263-275.

[126] Wang J, Yang H. A game-theoretic analysis of competition in a deregulated bus market [J]. Transportation Research Part E, 2005,41:329-355.

[127] Wang J, et al. Port governance in China: a review of policies in an era of internationalizing port management practices[J]. Transport Policy, 2004,11(3): 237-250.

[128] Wang Q, Peha J M. Proactive price regulation for upgrading telecommunications infrastructure[J]. Information Economics and Policy, 1997,9:161-176.

[129] Wen M, Sasaki D. Excess capacity investment: government versus private firms[J]. Researcher Paper No. 626, Department of Economics, University of Melbourne, 1998.

[130] Wen M, Sasaki D. Would excess capacity in public firms be socially optimal[J]. The Economic Record, 2001,77:283-290.

[131] Wilson R. Estimating the travel and parking demand effects of employer paid parking [J]. Regional Science and Urban Economics, 1992,22:133-145.

[132] Xiao F, et al. Competition and efficiency of private toll roads[J]. Transportation Research Part B, 2007,41:292-308.

[133] Yang H, et al. A macroscopic taxi mode for passenger demand, taxi utilization and level of services[J]. Transportation, 1998,27:317-340.

[134] Yang H, Woo K. Modeling bus service under competition and regulation[J]. Journal of Transportation Engineering. ASCE, 2000,126(5):419-425.

[135] Yang H, et al. Demand-supply equilibrium of taxi services in a network under competition and regulation[J]. Transportation Research Part B, 2002,36:799-819.

[136] Yang H, et al. Modeling urban taxi services: a literature survey and an analytical example[C]. Advanced Modeling for Transit Operations and Service Planning, 2003: 257-286.

[137] Yang H, et al. Regulating taxi services in the presence of congestion externality[J]. Transportation Research Part A, 2005,39:17-40.

[138] Zeng Z, Yang Z. Dynamic programming of port position and scale hierarchized container

ports network[J]. Maritime Policy and Management, 2002,29(2):163-177.

[139] Zhang A, Zhang Y. Concession revenue and optimal airport pricing[J]. Transportation Research Part E, 1997,33(4):287-296.

[140] Zhang A, Zhang Y. Airport charge, economic growth, and cost recovery[J]. Transportation Research Part E, 2001,37(1):25-33.

[141] Zhang A, Zhang Y. Airport charge and capacity expansion: effects of concessions and privatization[J]. Journal of Urban Economics, 2003,53:54-75.

[142] 阿瑟·奥肯. 王奔洲,等译. 平等与效率——重大的抉择[M]. 北京:华夏出版社,1999:31.

[143] 保罗·萨缪尔森,威廉·诺德豪斯. 萧琛,等译. 经济学[M]. 北京:华夏出版社,1999:245-246.

[144] 布雷耶尔,麦卡沃伊. 陈伯泉,译. 新帕尔格雷夫经济学大词典(第4卷),管制和放松管制[M]. 北京:经济科学出版社,1992:137-143.

[145] 程骁. 建设中的洋山深水港物流园区[J]. 上海:上海海运学院学报,2004,25(2):32-34.

[146] 丹尼尔. F,史普博. 余晖,等译. 管制与市场[M]. 上海:上海人民出版社,上海三联书店,1999:27-31.

[147] 戴维斯,诺斯. 制度变迁的理论:概念与原因,财产权利与制度变迁[M]. 上海:上海三联书店,1991:266-294.

[148] 弗登博格,梯若尔. 博弈论[M]. 北京:中国人民大学出版社,2002.

[149] 董登珍. 我国港口市场现状及发展对策[J]. 武汉:中国水运 2001,8:10-11.

[150] 丁俊发. 港口物流与中国经济发展[J]. 天津:港口经济 2004,6:19-21.

[151] 顾刚. 洋山深水港的建设和规划[J]. 武汉:中国水运 2005,6:12-13.

[152] 顾家俊. 从上海、香港、深圳的空箱谈起[J]. 上海:集装箱化,2007,16(1):6-8.

[153] 国家统计局. 中国统计年鉴[M]. 北京:中国统计出版社,1997-2009.

[154] 何元庆. 对外开放与生产率增长:基于中国省际面板数据的实证研究[D]. 浙江大学博士学位论文,2006,2.

[155] 黄迪. 外资的中国港口投资趋向[J]. 武汉:中国水运,2006,7:36-37.

[156] 黄见元. 东亚地区国际港口集装箱运输竞争力比较研究[D]. 南京:河海大学博士学位论文, 2004,3.

[157] 黄继忠,杨凤. 理论依据、国际经验与我国现代电力监管体系的构建[C]. 自然垄断与规制:理论和经验,2004,8:249-268.

[158] 黄清藤,等. 台湾港口物流业务之发展环境探讨[J]. 台北:航运季刊, 2002,11(4):35-45.

[159] 交通部. 中国交通年鉴[M]. 北京:中国交通年鉴社,1997-2009.

[160] 金银云,孙霄峰. 世界港口管理评述与我国港口改革[J]. 沈阳:辽宁交通科技,2003,2:57-60.

[161] 孔宪雷. 港口经济系统演化与优化研究[D]. 南京:河海大学博士学位论文,2005,3.

[162] 拉丰,马赫蒂摩.激励理论(第一卷):委托代理理论[M]. 北京:中国人民大学出版社,2002,6.

[163] 黎继子,等.基于遗传算法的神经网络港口投资辅助决策[J].北京:中国管理科学,2001,8(1):56-61.

[164] 刘安平.规制经济的理论及实践[C]. 现代经济学和金融学发展前沿,2002.10:469-532.

[165] 刘伟.水运基础设施发展论[M]. 大连:大连海事大学出版社,1999.8.

[166] 刘文忠.浅析我国港口价格规制改革的基本思路[J].北京:价格理论与实践,2007.3:35-36.

[167] 吕锦山,方正荣.高雄港发展国际物流中心竞争优势之探讨[J]. 台北:航运季刊,2002,11(2):1-18.

[168] 马东民.入世后港口费率应并轨[J]. 上海:中国港口,2002.8:8-9.

[169] 曲文轶.转轨国家自然垄断产业的改革:以俄罗斯为例[C]. 自然垄断与规制:理论和经验,2004.8:125-155.

[170] 任先正,等.上海洋山深水港物流园区功能定位[J]. 北京:综合运输,2005,7:32-35.

[171] 上海航运交易所. 2008中国航运发展报告[M].北京:人民交通出版社,2009.4.

[172] 施欣. 港口竞争的市场结构与竞争行为分析[J]. 上海:中国航海,1998,34(2):89-93.

[173] 施欣. 港口竞争对策模型比较研究[J]. 杭州:管理工程学报,1998,12(4):17-22.

[174] 施欣. 港口竞争对策模型的研究[J]. 北京:系统工程理论与实践,1998,12(9):27-33.

[175] 施欣. 政府对港口产业管制效应的分析[J]. 上海:中国航海,2000,37(2):43-48.

[176] 施欣. 港口合作的博弈分析[J]. 上海:上海交通大学学报,2001,35(6):943-946.

[177] 施欣. 港口双寡头竞争的进入/遏制策略分析[J]. 西安:交通运输工程学报,2001,1(6):15-19.

[178] 舒洪峰. 当前中国港口投资潜在风险分析[J]. 北京:宏观经济研究,2005.5:61-63.

[179] 斯蒂格利茨. 梁小民,等译.经济学[M]. 北京:中国人民大学出版社,2000:366.

[180] 施蒂格勒. 产业组织和政府管制(潘振民译)[M]. 上海:上海人民出版社,上海三联书店,1989:212-217.

[181] 苏东水. 产业经济学[M]. 北京:高等教育出版社,2000:384.

[182] 王俊豪. 政府规制经济学导论[M]. 北京:商务印书馆,2001:164-165.

[183] 王雅莉,毕乐强. 公共规制经济学[M]. 北京:清华大学出版社,2005:15-16.

[184] 王志征,朱维鹏. 某集装箱港口投资项目的蒙特卡洛风险分析[J]. 上海:集装箱化,2005.5:26-28.

[185] 许景宏. 港口价格竞争与企业联盟[J].上海:中国港口,2000,9:17-18.

[186] 唐端仪. 电信产业规制改革的国际比较与中国思考[C]. 自然垄断与规制:理论和经验,2004.8:204-230.

[187] 唐要家. 中国自然垄断行业规制效果的实证分析[C]. 自然垄断与规制:理论和经验,2004.8:156-183.

[188] 肖翔,杨头平. 集装箱港口费收问题改革研究[J]. 北京:综合运输,2005.8:27-28.

[189] 肖志兴. 自然垄断产业规制改革模式研究[M]. 大连:东北财经大学出版社,2003.4.

[190] 肖兴志,陈艳利. 公用事业民营化改革:理论基础与政策选择[J]. 北京:经济社会体制比较,2004.4:29-34.

[191] 徐琼. 基于技术效率的区域经济竞争力提升研究——浙江的经验分析[D]. 杭州:浙江大学博士学位论文,2005.12.

[192] 杨头平. 集装箱码头价格管理研究[D]. 上海:上海海事大学硕士学位论文,2003.12.

[193] 于良春,张伟. 强自然垄断定价理论与中国电价规制制度分析[J]. 北京:经济研究,2003.9:67-73.

[194] 余英. 机场管制理论及对中国机场管制的启示[C]. 自然垄断与规制:理论和经验,2004.8:327-359.

[195] 詹森,施尼尔森. 港口经济学[M]. 北京:人民交通出版社,1988.8.

[196] 张娟. 资本资产定价模型在港口投资风险分析中的应用[D]. 大连:大连理工大学硕士学位论文,2005.12.

[197] 张申. 基于知识库和事例库的港口投资规划决策支持系统[J]. 大连:大连海事大学学报,1996,22(4):81-84.

[198] 真虹. 港口管理[M]. 北京:人民交通出版社,2003.3.

[199] 郑士源,宗蓓华. 长江三角洲港口过度竞争的分析及对策[J]. 上海:中国港口,2005,13(1):23-24.

[200] 植草益. 朱绍文,胡欣欣,译. 微观规制经济学[M]. 北京:中国发展出版社,1992.3:1.

[201] 周慧,等. 港口企业双寡头价格质量博弈分析[J]. 南京:河海大学学报,2004,32(7):25-30.

[202] 朱朝阳. 我国港口投资主体多元化的战略研究[J]. 武汉:交通企业管理,2006.6:23-24.

后 记

本课题研究和本书撰写过程中，上海交通大学安泰经济与管理学院王浣尘教授给予了悉心关怀和精心指导。王教授渊博的学识，严谨的治学态度，高屋建瓴的思维方法，以及乐观豁达的人生态度，都使我受益匪浅。本书完成之际，在此谨向在学习、科研以及生活上对我进行谆谆教导和热心关怀的导师致以崇高的敬意和衷心的感谢！

在本书的撰写期间，我还得到了同窗好友徐辉博士在学习、生活中给予无私帮助。在资料、数据采集等方面，我还得到了上海海事大学李耀鼎博士的大力支持。在调研方面，宁波港务局的姚祖洪和张哲两位工程师给予了热情接待和悉心启迪。在工作环境方面，上海海事大学的徐国平博士给了我莫大的支持。此外，上海海事大学交通运输学院的领导对于本书能顺利出版提供了良好的条件和资金上的支持。在此，我对他们的帮助和关怀表示衷心的感激。

本书出版得到"上海市重点学科建设项目资助(S30601)，在此深表感谢。

当然，鉴于本人学识有限，撰写的时间紧迫，书中定有谬误之处，望各位专家和广大同仁不吝斧正。

郑士源

2010 年 10 月